PNL PARA DOMINAR CONVERSACIONES CLAVE

COMUNICACIÓN, PERSUASIÓN E INFLUENCIA APLICADAS A SITUACIONES REALES DONDE NO PUEDES FALLAR

OLIVER ALLEN

EDICIONES ALLEN

ÍNDICE

Introducción	v
1. ¿Qué es (Realmente) la PNL? Separando la Herramienta del Mito	1
2. El Cerebro que Cambia: La Neurociencia Práctica Detrás de la PNL Útil	14
3. El Principio de Realidad: Cuándo Funciona la PNL y Cuándo es un Placebo Caro	30
4. Ética en la PNL: Influencia vs. Manipulación	46
5. Escucha Activa 2.0: Decodificando el Mapa Mental de tu Interlocutor	61
6. Calibración y Rapport: Cómo Generar Confianza sin Perder Autenticidad	77
7. El Arte del Reencuadre: Cambiando Perspectivas para Desbloquear Conversaciones	92
8. Anclaje de Estados: Cómo Gestionar tu Fisiología para Tomar Mejores Decisiones Bajo Presión	107
9. Modelado de la Excelencia: Ingeniería Inversa del Desempeño Profesional	123
10. Lenguaje de Influencia Ética: Cómo Persuadir con Precisión sin Manipular	139
11. El Sistema Operativo de la Agilidad Comunicativa	154
12. Autonomía Profesional y Criterio Propio	169
Conclusión	183

PNL para Dominar Conversaciones Clave

© 2026 Oliver Allen

Todos los derechos reservados.

Ninguna parte de este libro puede ser reproducida, distribuida, almacenada o transmitida de ninguna forma ni por ningún medio, ya sea electrónico, mecánico, fotocopia, grabación u otros, sin el permiso previo y por escrito de la autora y del editor, excepto en el caso de citas breves utilizadas en reseñas o comentarios críticos.

Este libro tiene fines exclusivamente informativos y educativos.

El contenido no pretende sustituir el asesoramiento médico, psicológico o terapéutico profesional. Si el lector experimenta ansiedad severa, depresión u otros problemas de salud mental, **se recomienda buscar la ayuda de un profesional cualificado.**

El autor y el editor no asumen responsabilidad alguna por el uso indebido de la información contenida en este libro.

Publicado por:

Ediciones Allen

Autor:

Oliver Allen

INTRODUCCIÓN

Si has tomado este libro con una mezcla de curiosidad y recelo, probablemente seas exactamente el tipo de lector para quien lo escribí.

La Programación Neurolingüística tiene un problema de reputación. Y no es difícil entender por qué. Durante décadas, ha sido empaquetada, vendida y promocionada con promesas que van desde lo exagerado hasta lo directamente absurdo. "Reprograma tu mente en 21 días." "Convence a cualquiera de cualquier cosa." "Elimina traumas en una sesión." Si tienes formación universitaria, experiencia profesional seria o simplemente un detector funcional de pseudociencia, es natural que hayas desarrollado una alergia justificada a todo lo que suene a PNL.

El problema es que, en medio de ese ruido, hay herramientas genuinamente útiles.

No herramientas mágicas. No técnicas que "reprogramen" nada. Pero sí modelos prácticos de comunicación, frameworks útiles para entender cómo las personas estructuran su experiencia subjetiva, y métodos concretos para mejorar tu capacidad de influir, negociar, regular tu propio estado emocional y tomar mejores decisiones bajo presión. Herramientas que, cuando se usan con criterio, pueden hacerte más efectivo en contextos profesionales reales.

Este libro no pretende convencerte de que la PNL sea una ciencia. No lo es. Tampoco pretende que abraces un sistema de creencias, que te unas a una comunidad o que adoptes un lenguaje particular lleno de jerga innecesaria. Lo que sí pretende es ofrecerte un conjunto de herramientas que han demostrado utilidad práctica en manos de profesionales competentes, despojadas del misticismo, enmarcadas con honestidad intelectual y presentadas con el respeto que merece un lector adulto.

EL PROBLEMA CON LA MAYORÍA DE LOS LIBROS DE PNL

La mayoría de los libros sobre Programación Neurolingüística cometen uno o varios de los siguientes errores:

Primero, te piden que creas. Que creas en "el mapa no es el territorio" como si fuera una revelación profunda en lugar de una obviedad filosófica. Que creas en la existencia de "sistemas representacionales" como si fueran estructuras neurológicas confirmadas, cuando en realidad son modelos interpretativos. Que creas en la efectividad universal de ciertas técnicas, ignorando convenientemente los casos en los que no funcionan.

Segundo, prometen demasiado. Transformaciones rápidas. Cambios permanentes. Soluciones a problemas complejos mediante fórmulas sencillas. Esta retórica no solo es deshonesta; también es contraproducente, porque entrena a las personas a buscar atajos donde no los hay y a abandonar cuando la realidad resulta ser más matizada que la promesa.

Tercero, confunden correlación con causalidad y modelo con realidad. Observar que muchas personas exitosas en cierto contexto comparten ciertos patrones de comunicación no significa que adoptar esos patrones te haga exitoso. Tener un modelo útil para describir cómo alguien organiza su experiencia interna no significa que ese modelo represente procesos neurológicos reales.

Cuarto, ignoran o minimizan las cuestiones éticas. La capacidad de influir en los demás es moralmente neutra: puede usarse para ayudar o para manipular. La mayoría de los textos de PNL no dedican suficiente espacio a esa distinción, o la abordan de manera superficial, asumiendo que quien aprende las técnicas las usará "para el bien." Eso es, en el mejor de los casos, ingenuo.

Si has detectado alguno o todos estos problemas en tu acercamiento previo a la PNL, tu escepticismo no solo es comprensible sino racional. No necesitas corregir tu criterio. Necesitas mejores fuentes.

POR QUÉ NO DEBERÍAS DESCARTAR TODO POR COMPLETO

Dicho esto, sería un error tirar al bebé junto con el agua sucia.

Imagina que nunca has estudiado retórica clásica, pero te encuentras con un mal libro sobre persuasión que promete "controlar mentes con argumentos infalibles." Sería razonable rechazar ese libro. No sería razonable concluir que estudiar la estructura de argumentos persuasivos es inútil o fraudulento. El problema no está en el objeto de estudio, sino en cómo se presenta y se vende.

Con la PNL ocurre algo similar. En su origen, fue un intento de modelar la excelencia comunicativa de ciertos terapeutas particularmente efectivos. Bandler y Grinder no estaban inventando verdades neurológicas; estaban construyendo modelos operativos: descripciones simplificadas de patrones observables que podían replicarse con cierta consistencia.

Algunos de esos modelos han resistido el paso del tiempo porque, simplemente, funcionan en la práctica. No porque representen leyes universales del cerebro, sino porque capturan regularidades útiles en cómo las personas procesan lenguaje, construyen significado y responden a ciertos tipos de comunicación. Son como mapas: no son el territorio, pero si están bien dibujados, te ayudan a moverte por él con mayor eficacia.

Piensa en técnicas como el reencuadre, la calibración, el metamodelo del lenguaje o los anclajes. Ninguna de ellas es mágica. Ninguna funciona siempre. Pero todas ellas, cuando se usan con criterio y en el contexto adecuado, pueden mejorar tu capacidad de comunicarte con claridad, entender mejor la perspectiva del otro, regular tu propio estado emocional o ayudar a alguien más a ver un problema desde un ángulo diferente.

¿Es eso suficiente para justificar un libro? Creo que sí, siempre que se haga con honestidad.

CÓMO ESTE LIBRO ABORDA LA PNL DE MANERA DIFERENTE

Este libro trata a la PNL como lo que realmente es: un conjunto de herramientas comunicativas y estrategias de autorregulación derivadas de la observación práctica, no un sistema científico ni una filosofía de vida.

No voy a pedirte que creas en nada. Voy a presentarte modelos. Tú decides si te resultan útiles. No voy a prometerte resultados rápidos ni permanentes. Voy a explicarte cómo funcionan ciertas técnicas, en qué contextos tienden a ser efectivas y qué limitaciones tienen. No voy a pretender que estas herramientas sean la solución a todos tus problemas profesionales. Voy a sugerir que pueden complementar tu criterio, tu experiencia y tus habilidades existentes.

Voy a ser explícito sobre lo que no sabemos. Voy a señalar cuándo una explicación es especulativa. Voy a distinguir entre lo que está respaldado por evidencia robusta en psicología cognitiva y de la comunicación, y lo que es simplemente un modelo pragmático sin validación científica fuerte pero con utilidad demostrable en la práctica.

Y voy a insistir, una y otra vez, en que ninguna técnica sustituye al juicio ético. La influencia sin ética es manipulación. La persuasión sin respeto es coerción. La habilidad comunicativa es una capacidad amplificadora: hace más efectivo aquello que ya eres. Si eres una persona que busca ayudar, te hará más útil. Si eres una persona que busca aprovecharse, te hará más peligroso. La herramienta no resuelve esa diferencia. Tú sí.

PARA QUIÉN ES ESTE LIBRO (Y PARA QUIÉN NO LO ES)

Este libro es para profesionales que ya tienen cierta experiencia en contextos donde la comunicación, la negociación, la gestión emocional o la toma de decisiones bajo incertidumbre importan. Consultores, gerentes, educadores, abogados, profesionales de ventas, emprendedores, terapeutas, mediadores. Personas que entienden que las habilidades interpersonales no son accesorias a su trabajo, sino centrales.

Es para personas que prefieren practicar que creer. Que valoran la autonomía intelectual sobre la pertenencia a una tribu. Que desconfían de las promesas fáciles pero están dispuestas a invertir tiempo en desarrollar competencias reales.

Es para personas que ya han leído algo sobre PNL, quedaron decepcionadas por el tono o las promesas, pero intuyen que debe haber algo rescatable en medio del ruido. O para personas que nunca se han acercado a la PNL precisamente porque todo lo que han visto les pareció poco serio, pero están abiertas a una presentación diferente.

Este libro no es para ti si buscas una transformación rápida. No es para ti si necesitas certezas absolutas o validación científica completa antes de experimentar con una herramienta práctica. No es para ti si prefieres que te digan exactamente qué hacer en lugar de desarrollar tu propio criterio aplicado. Y definitivamente no es para ti si buscas técnicas de manipulación sin límites éticos, porque no las encontrarás aquí.

QUÉ SIGNIFICA REALMENTE "AGILIDAD COMUNICATIVA"

El objetivo central de este libro no es enseñarte a "programar mentes" ni a "influir en el inconsciente." Esas frases son marketing vacío. El objetivo es ayudarte a desarrollar agilidad comunicativa.

¿Qué significa eso? Significa la capacidad de ajustar tu comunicación en tiempo real según el contexto, la persona y el objetivo. Significa leer con mayor precisión las señales que otros emiten —verbales y no verbales— y responder de manera calibrada. Significa tener un repertorio más amplio de maneras de decir lo mismo, de preguntar, de reencuadrar, de proponer. Significa poder entrar y salir de diferentes estados emocionales según lo que la situación requiera, sin quedar atrapado en patrones automáticos disfuncionales.

Es agilidad en el sentido en que un buen jugador de ajedrez tiene agilidad táctica: no porque tenga movimientos mágicos, sino porque tiene un repertorio amplio, reconoce patrones rápidamente y puede adaptar su estrategia según lo que el tablero exige.

Esa agilidad no se adquiere leyendo. Se adquiere practicando. Este libro puede mostrarte los movimientos, explicarte las razones detrás de ellos y señalarte los errores comunes. Pero convertir esa información en habilidad depende de ti.

CÓMO USAR ESTE LIBRO DE MANERA EFECTIVA

No necesitas leer este libro en orden estricto, aunque tiene una progresión lógica. Cada capítulo está diseñado para funcionar de manera relativamente autónoma, de modo que si un tema particular te resulta más relevante ahora, puedes empezar por ahí.

Lo que sí necesitas hacer es practicar. Cada sección incluye ejercicios o aplicaciones prácticas. No son opcionales si realmente quieres desarrollar la habilidad. Leer sobre cómo funciona el metamodelo del lenguaje es interesante. Usarlo en una conversación real, observar qué pasa, ajustar y volver a intentar es lo que construye competencia.

También necesitas estar dispuesto a cuestionar tus propios hábitos comunicativos. Muchos de nosotros operamos en piloto automático la mayor parte del tiempo. Decimos lo que siempre decimos. Reaccionamos como siempre reaccionamos. Desarrollar agilidad requiere, primero, darte cuenta de tus patrones actuales. Eso puede ser incómodo. Vale la pena.

Y finalmente, necesitas mantener una actitud experimental. Ninguna técnica funciona siempre con todas las personas en todos los contextos. Algunas funcionarán bien para ti. Otras no. Algunas requerirán adaptación. La mentalidad correcta no es "esta técnica debería funcionar"; es "voy a probar esto, observar qué ocurre y ajustar." Así es como se desarrollan habilidades complejas en cualquier campo.

LA DISTINCIÓN ENTRE INFLUENCIA Y MANIPULACIÓN

Antes de continuar, necesitamos aclarar algo fundamental: influir no es lo mismo que manipular.

Influir es parte inevitable de toda interacción humana. Cada vez que hablas, cada vez que haces una pregunta, cada vez que eliges ciertas palabras sobre otras, estás influyendo en cómo la otra persona piensa y siente. Eso no es problemático en sí mismo. Es simplemente la naturaleza de la comunicación.

La manipulación, en cambio, implica una violación del consentimiento informado. Ocurre cuando usas tu habilidad comunicativa para que alguien haga algo que no haría si tuviera toda la información, o cuando induces estados emocionales con el propósito de reducir su capacidad de juicio crítico. La diferencia clave es la intención y el respeto por la autonomía del otro.

Todas las herramientas de este libro pueden usarse éticamente o no. Un bisturí puede salvar vidas o causar daño. La diferencia no está en el instrumento, sino en quién lo sostiene y con qué propósito. Yo no puedo controlar cómo usarás lo que aprendas aquí. Pero sí puedo insistir en que, si vas a desarrollar estas habilidades, lo hagas con una brújula ética clara.

Pregúntate siempre: ¿Estoy ayudando a esta persona a tomar una decisión más informada, o estoy reduciendo su capacidad de elegir? ¿Estoy ajustando mi comunicación para ser más claro, o para ser más opaco? ¿Mi intención es genuinamente ayudar, o es obtener algo a costa del bienestar del otro?

Si no puedes responder esas preguntas con honestidad, ninguna habilidad comunicativa te hará un mejor profesional. Solo te hará más efectivo en hacer daño.

LA MENTALIDAD QUE NECESITAS PARA DESARROLLAR ESTAS HABILIDADES

Desarrollar agilidad comunicativa requiere humildad intelectual. Requiere aceptar que, por competente que seas en tu campo, probablemente tienes puntos ciegos en cómo te comunicas y en cómo interpretas a los demás. Requiere estar dispuesto a ser un aprendiz nuevamente, aunque ya seas experto en otras áreas.

También requiere paciencia. Las habilidades interpersonales complejas no se dominan en semanas. Se refinan durante años. Cada conversación difícil, cada negociación, cada conflicto es una oportunidad de práctica. Los errores son inevitables. Lo importante es observarlos, entenderlos y ajustar.

Y requiere autonomía. Este no es un libro de recetas. No te voy a decir "en la situación X, di exactamente Y." Voy a darte principios, modelos y técnicas. Tú decides cómo aplicarlos según tu contexto, tu personalidad y tu criterio. El objetivo no es que dependas de un método externo, sino que desarrolles tu propia capacidad de pensar estratégicamente sobre la comunicación.

Si esa mentalidad te resulta atractiva, vas por buen camino.

UN ÚLTIMO COMENTARIO ANTES DE EMPEZAR

Este libro no sustituye terapia. Si estás lidiando con problemas emocionales serios, trauma no resuelto, ansiedad clínica o depresión, necesitas un profesional de la salud mental, no un libro de habilidades comunicativas. Algunas de las técnicas aquí descritas se usan en contextos terapéuticos, pero eso no las convierte en terapia cuando las usas tú mismo o con otros. Conoce tus límites.

Tampoco sustituye formación en tu campo profesional. Si eres abogado, estas herramientas pueden complementar tu conocimiento legal, no reemplazarlo. Si eres educador, pueden mejorar tu capacidad de conectar con estudiantes, pero no eliminan la necesidad de dominar tu materia. Las habilidades comunicativas amplifican competencia existente; no la crean de la nada.

Lo que este libro sí puede hacer es darte un conjunto de herramientas probadas en la práctica, presentadas con honestidad intelectual, para que te comuniques con mayor precisión, influyas con mayor integridad y tomes mejores decisiones bajo presión.

Si eso te parece suficiente, sigamos adelante.

CAPÍTULO 1
¿QUÉ ES (REALMENTE) LA PNL? SEPARANDO LA HERRAMIENTA DEL MITO

Hace unos años asistí a un taller de liderazgo corporativo organizado por una consultora de prestigio. El facilitador, un ejecutivo con credenciales impresionantes, dedicó la primera hora a hablar sobre "reprogramación mental" y "acceso a recursos inconscientes." Prometió que, al finalizar el día, habríamos "instalado nuevos patrones de excelencia" en nuestros cerebros. Todo esto, explicó con entusiasmo, estaba basado en PNL.

Observé las reacciones en la sala. Algunos participantes asentían con fervor, tomando notas frenéticamente. Otros intercambiaban miradas incómodas. Una gerente de finanzas a mi lado me susurró: "¿Esto es en serio?" Un director de operaciones salió discretamente durante el primer descanso y no regresó.

Esta escena se repite constantemente en entornos profesionales. La PNL aparece en programas de ventas, cursos de coaching, talleres de comunicación y seminarios de desarrollo personal. Aparece con promesas grandiosas y lenguaje que oscila entre lo pseudocientífico y lo místico. Y genera, invariablemente, una división entre creyentes entusiastas y escépticos desconcertados.

Si eres del segundo grupo, probablemente has experimentado esa sensación particular de incomodidad cuando alguien menciona PNL en un contexto profesional. No es solo escepticismo ante una metodología que no conoces bien. Es algo más específico: la sensación de que te están vendiendo algo que suena demasiado bueno para ser cierto, presentado con una confianza que no parece justificada por la evidencia.

En redes profesionales como LinkedIn, verás coaches y consultores que proclaman ser "Master Practitioners" o "Trainers" de PNL, como si esos títulos tuvieran el mismo peso que una maestría o una certificación profesional regulada. Prometen resultados extraordinarios: eliminar fobias en minutos, duplicar tu capacidad de persuasión, "hackear" la mente de otros, alcanzar estados de excelencia a voluntad.

El problema no es solo que estas promesas sean exageradas. El problema es que contaminan todo el campo, haciendo imposible distinguir qué hay de útil debajo del ruido. Para un profesional serio, esto plantea una pregunta legítima: ¿vale la pena dedicar tiempo a algo que viene empaquetado con tanta charlatanería?

La respuesta honesta es: depende de qué estés dispuesto a desechar y qué estés dispuesto a conservar.

LA FALSA PROMESA (EL MITO DE LA PNL)

Para entender qué es realmente la PNL, primero necesitamos examinar qué no es, aunque así se venda habitualmente.

El marketing de la transformación instantánea

Abre cualquier libro popular sobre PNL y encontrarás un patrón predecible. El primer capítulo te dirá que estás a punto de descubrir "los secretos" de la excelencia humana. Que la PNL te permitirá "reprogramar" tu mente como si fuera un ordenador. Que podrás "modelar" a las personas más exitosas del mundo e incorporar sus habilidades en semanas. Que tendrás acceso a técnicas poderosas que la mayoría de la gente desconoce.

Esta retórica no es accidental. Es una estrategia de marketing que ha funcionado durante décadas para vender libros, cursos y certificaciones. Pero crea expectativas fundamentalmente deshonestas.

Considera algunas de las afirmaciones típicas:

"La PNL te permite cambiar creencias limitantes en minutos." Esta afirmación ignora décadas de investigación en psicología cognitiva que muestran que las creencias centrales, especialmente aquellas formadas temprano en la vida o reforzadas por años de experiencia, son notablemente resistentes al cambio. Pueden modificarse, ciertamente, pero el proceso es gradual, requiere trabajo sostenido y no siempre es exitoso.

"Con PNL puedes leer a las personas como un libro abierto." Esta promesa confunde la observación cuidadosa de patrones de comportamiento con alguna forma de acceso privilegiado a los estados internos de otros. La realidad es que interpretar señales no verbales y patrones de lenguaje es útil, pero siempre implica incertidumbre. Las personas son variables, contextuales y, a menudo, impredecibles.

"La PNL está basada en cómo funciona realmente el cerebro." Esta es quizás la afirmación más problemática. La PNL fue desarrollada en los años setenta, basándose en observaciones conductuales y experimentos pragmáticos, no en neurociencia. Muchas de sus explicaciones sobre "cómo funciona el cerebro" son especulativas, simplificadas o directamente incorrectas según el conocimiento actual de la neurociencia cognitiva.

La confusión entre modelo y realidad

Uno de los errores fundamentales en cómo se presenta la PNL es la tendencia a tratar sus modelos como si fueran descripciones literales de la realidad neurológica o psicológica.

Tomemos el concepto de "sistemas representacionales" —la idea de que las personas procesan información principalmente a través de canales visual, auditivo o kinestésico. Este es un modelo útil para pensar sobre cómo diferentes personas pueden preferir diferentes formas de recibir y procesar información. Pero en muchos textos de PNL se presenta como si el cerebro realmente funcionara mediante sistemas separados y dominantes, lo cual es una simplificación excesiva.

La investigación en neurociencia cognitiva muestra que el procesamiento de información es mucho más integrado, paralelo y dependiente del contexto de lo que el modelo de sistemas representacionales sugiere. Eso no significa que el modelo sea inútil. Significa que es un mapa simplificado, no el territorio.

Esta confusión tiene consecuencias prácticas. Cuando alguien cree que está manipulando estructuras neurológicas reales en lugar de usar metáforas operativas útiles, tiende a volverse dogmático sobre la técnica y ciego a las señales de que no está funcionando en un caso particular.

Por qué las personas inteligentes sospechan (con razón)

Si tienes formación universitaria, experiencia investigando evidencia o simplemente un detector funcional de pseudociencia, hay varias banderas rojas legítimas en cómo se presenta típicamente la PNL:

Lenguaje técnico sin sustancia técnica. Términos como "neurolingüística" suenan científicos, pero su uso en PNL no refleja necesariamente rigor científico. Es lenguaje prestado para dar apariencia de autoridad.

Afirmaciones causales sin evidencia controlada. "Esta técnica reprograma el inconsciente" es una afirmación causal extraordinaria que requeriría evidencia extraordinaria. Rara vez se proporciona.

Ausencia de falsabilidad. Cuando una técnica no funciona, la explicación común es que no se aplicó correctamente o que el practicante necesita más entrenamiento. Esta estructura protege la teoría de ser probada o refutada.

Testimonios en lugar de datos. La mayoría de la "evidencia" para la efectividad de la PNL consiste en anécdotas y casos de éxito autoseleccionados. Los estudios controlados son escasos y, cuando existen, a menudo muestran resultados mixtos o nulos.

Credencialización sin regulación. Cualquiera puede convertirse en

"Master Practitioner" o "Trainer" de PNL pagando por los cursos apropiados. No hay estándares universales, ni supervisión profesional, ni consecuencias por mala práctica.

Tu escepticismo frente a todo esto no es un defecto de comprensión. Es una respuesta racional a un campo que ha permitido que el marketing supere a la sustancia.

LO QUE REALMENTE ES LA PNL (EL PRINCIPIO ÚTIL)

Entonces, si gran parte de lo que se dice sobre la PNL es exagerado, especulativo o directamente falso, ¿qué queda?

Queda esto: un conjunto de modelos pragmáticos y técnicas operativas derivadas de la observación sistemática de patrones comunicativos efectivos.

El origen real: modelado de la excelencia terapéutica

A mediados de los años setenta, Richard Bandler, un estudiante de matemáticas y programación de computadoras, y John Grinder, un lingüista, empezaron a estudiar a terapeutas particularmente exitosos. No estaban interesados en sus teorías explícitas sobre por qué funcionaba lo que hacían. Estaban interesados en los patrones observables de comportamiento: qué preguntas hacían, cómo usaban el lenguaje, qué señales no verbales atendían, cómo estructuraban las sesiones.

Estudiaron especialmente a Fritz Perls (fundador de la terapia Gestalt), Virginia Satir (pionera en terapia familiar) y Milton Erickson (hipnoterapeuta clínico). Cada uno tenía estilos diferentes, pero Bandler y Grinder buscaban las estructuras subyacentes comunes que parecían correlacionarse con efectividad terapéutica.

El proyecto era, en esencia, ingeniería inversa. Si pudiéramos identificar los patrones que usan las personas excepcionales en un campo, ¿podríamos enseñar esos patrones a otros? ¿Podríamos hacer replicables las habilidades que parecen intuitivas?

Esta es una idea razonable. No es magia. Es observación, abstracción y sistematización.

El problema surgió cuando este proyecto de modelado se expandió y comercializó. Las observaciones pragmáticas se convirtieron en "principios universales." Las descripciones operativas se presentaron como verdades neurológicas. Las herramientas se vendieron como soluciones completas.

PNL como conjunto de modelos interpretativos

La mejor manera de pensar sobre la PNL no es como una ciencia ni como una terapia, sino como una colección de modelos interpretativos. Un modelo, en este sentido, es una representación simplificada de un fenómeno complejo que nos ayuda a pensar sobre él de manera más estructurada.

Considera el concepto de "anclaje." Este es un modelo que describe cómo ciertos estímulos pueden asociarse con ciertos estados emocionales o cognitivos. Si cada vez que experimentas un estado particular (digamos, confianza), un estímulo específico está presente (un gesto, una palabra, un sonido), con el tiempo el estímulo puede evocar el estado.

Esto no es una invención de la PNL. Es simplemente condicionamiento clásico, un fenómeno bien documentado en psicología conductual desde Pavlov. Lo que la PNL aporta es una sistematización práctica de cómo usar este principio de manera deliberada en contextos comunicativos y de autorregulación.

¿Funciona siempre? No. ¿Funciona exactamente de la manera en que los textos de PNL lo describen? Probablemente no. ¿Es útil como marco para pensar sobre cómo crear asociaciones intencionales entre estímulos y estados? Puede serlo, en ciertas circunstancias.

Esto es cierto para la mayoría de los conceptos de PNL. Son mapas, no territorios. Son útiles en la medida en que te ayudan a navegar situaciones reales, no porque representen verdades últimas sobre cómo funciona la mente.

"El mapa no es el territorio"

Esta frase, tomada prestada del filósofo Alfred Korzybski, es quizás el principio más importante de la PNL, aunque irónicamente es el que más frecuentemente se olvida en la práctica de la PNL misma.

Significa esto: nuestra experiencia de la realidad no es la realidad misma, sino una representación construida, filtrada por nuestros sentidos, lenguaje, creencias y contexto cultural. Cada persona opera con un "mapa" diferente del mismo "territorio."

Este principio es útil porque nos recuerda varias cosas importantes:

No asumas que otros ven el mundo como tú. Cuando alguien reacciona de una manera que te parece irracional, puede ser perfectamente racional dentro de su mapa. Tu trabajo, si quieres comunicarte efectivamente, es entender ese mapa, no insistir en que el tuyo es el correcto.

Cuestiona tus propias interpretaciones. Si tu mapa te está llevando repetidamente a resultados que no quieres, quizás el problema no está en el territorio sino en cómo lo estás representando.

Los conflictos a menudo son conflictos de mapas, no de territorios. Dos personas pueden estar mirando la misma situación pero interpretándola de maneras radicalmente diferentes. Resolver el conflicto requiere reconocer esta diferencia, no simplemente argumentar sobre quién está en lo correcto.

La ironía es que muchos practicantes de PNL tratan los modelos de PNL como si fueran el territorio. Olvidan que "sistemas representacionales," "metaprogramas," "niveles lógicos" y otros conceptos de PNL son también mapas.

Son útiles cuando te ayudan a pensar con mayor claridad. Se vuelven obstáculos cuando confundes el mapa con la realidad.

Lo que la PNL puede ofrecer (sin exagerar)

Entonces, con realismo, ¿qué puede ofrecerte la PNL?

Marcos para observar patrones comunicativos. Herramientas como el metamodelo del lenguaje te dan un vocabulario estructurado para notar cómo las personas usan generalizaciones, omisiones y distorsiones cuando hablan. Esto puede ayudarte a hacer preguntas más precisas y entender mejor qué alguien realmente quiere decir.

Técnicas de autorregulación emocional. Métodos como el anclaje o el reencuadre pueden ayudarte a gestionar tu propio estado emocional de manera más deliberada. No son mágicos, pero pueden ser más efectivos que simplemente "intentar calmarte."

Estrategias para flexibilidad comunicativa. Conceptos como rapport, calibración y sistemas representacionales pueden expandir tu repertorio de maneras de conectar con diferentes personas y ajustar tu comunicación según el contexto.

Métodos para facilitar cambio de perspectiva. Técnicas como posiciones perceptuales o reencuadre pueden ayudar a otros (o a ti mismo) a ver situaciones desde ángulos diferentes, lo cual a veces desbloquea soluciones o reduce conflicto.

Ninguna de estas cosas es revolucionaria. Ninguna es exclusiva de la PNL. Pero la PNL las organiza de una manera particular que algunas personas encuentran práctica y accesible.

La clave es tratarlas como herramientas en una caja de herramientas, no como una filosofía de vida o un sistema completo. Usas un martillo cuando necesitas clavar un clavo. Usas un reencuadre cuando puede ayudar a alguien a ver un problema de otra manera. No necesitas creer en el martillo. Solo necesitas saber cuándo y cómo usarlo.

LÍMITES Y RIESGOS (MANUAL DE USUARIO)

Ninguna herramienta es universalmente útil. Ninguna técnica funciona en todos los contextos. Y ninguna habilidad, sin importar cuán bien desarrollada esté, sustituye el juicio ético y profesional. La PNL no es una excepción.

Cuándo la PNL es potencialmente útil

La PNL tiende a ser más útil en contextos donde:

La comunicación interpersonal es crítica. Negociaciones, ventas consultivas, mediación, coaching, enseñanza, liderazgo. Situaciones donde entender la perspectiva del otro y ajustar tu comunicación puede marcar una diferencia real.

La autorregulación emocional importa. Presentaciones de alto estrés, conversaciones difíciles, toma de decisiones bajo presión. Contextos donde gestionar tu propio estado puede mejorar tu efectividad.

La flexibilidad es más valiosa que la consistencia. Situaciones donde no hay un guion fijo y necesitas improvisar según las señales que recibes.

El objetivo es facilitar, no imponer. Cuando tu rol es ayudar a alguien a pensar con mayor claridad, no convencerlo de tu posición.

Nota lo que no está en esta lista: situaciones donde necesitas conocimiento técnico especializado, donde los hechos objetivos son lo único relevante, o donde hay desequilibrios de poder significativos que podrían hacer que el uso de técnicas de influencia fuera éticamente problemático.

Cuándo la PNL es inefectiva o inapropiada

La PNL no funciona cuando:

El problema es estructural, no comunicativo. Si el problema es falta de recursos, políticas institucionales disfuncionales o incentivos desalineados, mejorar tu comunicación no lo resolverá.

La otra persona no quiere comunicarse. Las técnicas de rapport y calibración asumen cierta apertura a la interacción. Si alguien ha decidido no cooperar, no hay cantidad de "PNL" que cambie eso.

Lo que se necesita es terapia. Si alguien está lidiando con trauma severo, trastornos de personalidad, depresión clínica u otras condiciones de salud mental serias, necesita un terapeuta licenciado, no un coach con certificación en PNL.

La relación es fundamentalmente coercitiva. Si hay una dinámica de poder donde una persona puede imponer consecuencias negativas sobre la otra (jefe-empleado, padre-hijo, etc.), usar técnicas de influencia puede cruzar fácilmente la línea hacia la manipulación.

Necesitas precisión objetiva sobre hechos. La PNL es sobre modelos subjetivos y patrones de comunicación. No te ayudará a determinar si los números en un informe financiero son correctos.

Los riesgos del uso sin criterio

Hay varios riesgos comunes cuando las personas usan PNL sin el criterio adecuado:

Sobreconfianza técnica. Aprender unas cuantas técnicas puede generar la ilusión de competencia. "Sé cómo anclar estados, así que puedo ayudar a esta persona con ansiedad." No. Saber cómo usar una técnica y saber cuándo es apropiada son habilidades diferentes.

Obsesión con la técnica sobre la relación. Algunas personas se vuelven tan enfocadas en aplicar correctamente la técnica que pierden de vista la relación humana real frente a ellas. El rapport no es una técnica; es una cualidad de la relación. Las técnicas, en el mejor de los casos, lo facilitan.

Ceguera ética. La efectividad de una técnica no la hace ética. Puedes ser muy hábil influenciando a alguien para que haga algo que no es en su mejor interés. Eso no es excelencia; es abuso de habilidad.

Interpretación excesiva. Ver patrones donde no los hay. "Cruzó los brazos, así que debe estar a la defensiva." Tal vez solo tiene frío. O simplemente es cómodo sentarse así. La interpretación de señales siempre debe ser tentativa.

Aplicación fuera de contexto. Usar técnicas terapéuticas en contextos de negocios, o viceversa. No todo lo que funciona en un setting funciona en otro.

Delimitaciones profesionales claras

Es esencial establecer límites profesionales claros:

PNL no es terapia. Incluso si algunas técnicas de PNL se usan en contextos terapéuticos, eso no convierte a alguien con entrenamiento en PNL en terapeuta. La terapia requiere formación específica, supervisión, licencia y un marco ético profesional regulado.

PNL no es ciencia. No está basada en el método científico. No ha sido validada mediante estudios controlados rigurosos de manera consistente. Algunas de sus técnicas pueden tener respaldo empírico indirecto (por ejemplo, el reencuadre se usa en terapia cognitivo-conductual); otras no.

PNL no es un sustituto del conocimiento de dominio. Si eres consultor, tu valor viene de tu experiencia en el dominio relevante. La PNL puede mejorar cómo comunicas ese conocimiento, pero no lo reemplaza.

Los certificados de PNL no son credenciales profesionales reguladas. A diferencia de títulos académicos o licencias profesionales, las certificaciones de PNL no tienen estándares universales, acreditación externa o mecanismos de rendición de cuentas.

La distinción crítica: influencia vs. manipulación

Cada vez que usas una técnica de PNL con otra persona, estás influyendo en cómo piensa, siente o se comporta. Eso, en sí mismo, no es problemático. Toda comunicación es influencia.

La manipulación ocurre cuando:

- Tu intención es beneficiarte a ti a costa del otro
- Ocultas información relevante que cambiaría la decisión de la persona
- Explotas deliberadamente vulnerabilidades emocionales
- Reduces la capacidad de la persona de elegir libremente

- Usas técnicas específicamente para evadir el pensamiento crítico del otro

La diferencia no siempre es obvia. Requiere reflexión honesta sobre tus intenciones y sobre el impacto real de tus acciones en la autonomía del otro.

Una pregunta útil: si la otra persona supiera exactamente lo que estás haciendo y por qué, ¿seguiría consintiendo la interacción? Si la respuesta es no, probablemente estás manipulando.

APLICACIÓN PRÁCTICA RESPONSABLE

Entender qué es la PNL y cuáles son sus límites es solo el primer paso. El siguiente es saber cómo pensar sobre su uso en contextos profesionales reales.

El marco de decisión: ¿debería usar esto?

Antes de decidir usar una técnica de PNL en una situación dada, hazte estas preguntas:

¿Cuál es mi objetivo real? Sé específico. "Mejorar la comunicación" es vago. "Ayudar a este cliente a articular qué es exactamente lo que necesita" es concreto.

¿Esta técnica es apropiada para este objetivo? No todas las herramientas sirven para todos los trabajos. El reencuadre puede ayudar a alguien a ver un problema desde otra perspectiva. No te ayudará a negociar los términos de un contrato.

¿Tengo la habilidad real para aplicar esto bien? Haber leído sobre una técnica no significa que puedas ejecutarla competentemente. La competencia requiere práctica sostenida.

¿Cuál es la dinámica de poder? Si hay un desequilibrio significativo (tú eres el jefe, el profesor, el vendedor con información privilegiada), ten mucho cuidado con técnicas que reducen el pensamiento crítico o explotan estados emocionales.

¿Qué haría si esto no funciona? Siempre ten un plan B que no dependa de la técnica. Tu efectividad no debería colapsar si una herramienta específica falla.

¿Estoy siendo transparente sobre mis intenciones? No necesitas explicar cada técnica que usas, pero tu intención general debería ser clara y aceptable para la otra persona.

Ejemplos profesionales realistas

Veamos algunos ejemplos de cómo un profesional con criterio podría pensar sobre usar PNL.

Ejemplo 1: Reunión con un cliente frustrado

Un consultor tiene una reunión con un cliente que está claramente frustrado con la falta de progreso en un proyecto. El cliente generaliza: "Nada está funcionando. Este proyecto es un desastre."

Una respuesta sin PNL podría ser simplemente tranquilizadora: "No se preocupe, lo arreglaremos."

Una respuesta informada por el metamodelo del lenguaje buscaría especificidad: "¿Qué específicamente no está funcionando? ¿Hay áreas del proyecto que sí están avanzando?"

Esto no es mágico. Es simplemente ayudar al cliente a ser más preciso, lo cual facilita identificar problemas reales versus frustración generalizada. Es útil. Es apropiado. No cruza ningún límite ético.

Ejemplo 2: Preparación para una negociación difícil

Una gerente tiene una negociación importante mañana. Históricamente, se pone nerviosa en estas situaciones, lo cual afecta su claridad mental.

Podría usar anclaje: recordar un momento en el que se sintió completamente tranquila y competente, asociar ese estado con un gesto físico específico (tocar su pulgar e índice), y practicar esa asociación varias veces. Mañana, antes de entrar a la negociación, usa el gesto para evocar el estado.

¿Funcionará? Tal vez. Tal vez no completamente. Pero como técnica de autorregulación, es razonable. No está manipulando a nadie. Está gestionando su propio estado emocional.

Ejemplo 3: Coaching a un empleado con mentalidad fija

Un líder tiene un empleado que constantemente dice cosas como "No soy bueno presentando" o "Simplemente no tengo habilidades para eso."

El líder podría usar reencuadre: "¿Qué evidencia específica tienes de que no puedes mejorar en esto?" o "¿Qué tendría que ser diferente para que te sintieras más capaz?"

Esto no está cambiando creencias mágicamente. Está invitando al empleado a cuestionar sus propias generalizaciones y considerar posibilidades que había descartado. Es facilitación, no imposición.

Lo que no es aplicación responsable

Contrasta eso con estos ejemplos:

Mal uso 1: Un vendedor usa técnicas de rapport y "programación" para generar un estado emocional elevado en un cliente, específicamente para reducir su pensamiento crítico antes de presentar un producto sobrevalorado.

Mal uso 2: Un gerente usa técnicas de PNL para "superar resistencia" en un equipo que tiene objeciones legítimas sobre una decisión. El problema no es cómo está comunicando; es la decisión misma.

Mal uso 3: Un coach sin formación terapéutica usa técnicas de "reimpronta" con un cliente que tiene trauma de infancia, convencido de que puede "resolver" el trauma en una sesión.

La diferencia no es técnica. Es ética y contextual.

El papel del juicio profesional

Las técnicas, sin juicio, son inútiles o peligrosas. El juicio profesional implica:
   Saber cuándo no hacer nada. A veces la mejor intervención es escuchar sin intentar cambiar nada.
   Reconocer tus límites. Hay problemas que están fuera de tu competencia. Derivar a un profesional apropiado no es debilidad; es responsabilidad.
   Priorizar la relación sobre la técnica. Si aplicar una técnica dañaría la confianza o la relación, no la uses.
   Estar dispuesto a equivocarte. Ninguna técnica tiene garantía. Observa, ajusta, y si algo no funciona, abandónalo.
   Mantener la humildad intelectual. No confundas competencia con omnisciencia. Siempre hay más que aprender.
   Este es el núcleo de la aplicación responsable: la técnica sirve al criterio, nunca al revés.

PRÁCTICA DE LA HABILIDAD (GIMNASIO MENTAL)

El objetivo de estos ejercicios no es dominar técnicas, sino desarrollar la capacidad de observación crítica y reflexión que hace posible el uso responsable de cualquier herramienta comunicativa.

Ejercicio 1: Auditoría de mapas

Durante los próximos días, presta atención a momentos en los que alguien dice algo que interpretas como "irracional" o "ilógico."

En lugar de simplemente concluir que está equivocado, pregúntate: ¿Qué tendría que ser cierto en su mapa del mundo para que esta afirmación tenga sentido? ¿Qué información tiene que yo no tengo? ¿Qué valores o prioridades podrían estar influyendo en su perspectiva?

El objetivo no es estar de acuerdo. El objetivo es desarrollar la habilidad de ver cómo otros construyen sentido, incluso cuando difiere radicalmente de cómo tú lo harías.

Lo que estás entrenando: empatía cognitiva, la capacidad de entender una perspectiva sin adoptarla.

Ejercicio 2: Observación de precisión lingüística

En reuniones o conversaciones profesionales, nota cuándo las personas (tú incluido) usan generalizaciones.
   Ejemplos: "Siempre pasa lo mismo." "Nadie me escucha." "Todo el proyecto está atrasado." "Esta estrategia nunca funciona."
   No corrijas. Solo observa. Pregúntate: ¿Qué información específica está

siendo comprimida en esa generalización? ¿Qué perdemos al hablar en términos tan amplios?

Luego, practica internamente reformular esas generalizaciones con mayor precisión. ¿Qué pasaría si la conversación continuara con la versión más precisa?

Lo que estás entrenando: consciencia lingüística, la capacidad de notar cómo el lenguaje impreciso oculta complejidad.

Ejercicio 3: Reflexión ética sobre influencia

Recuerda una situación reciente en la que intentaste influir en alguien: convencerlo de una idea, persuadirlo de tomar una acción, cambiar su perspectiva sobre algo.

Reflexiona honestamente:

- ¿Cuál era tu motivación real?
- ¿Qué sabías tú que esa persona no sabía?
- ¿Hubo algo que deliberadamente no dijiste porque habría hecho más difícil influir?
- Si la otra persona hubiera sabido exactamente lo que estabas intentando hacer y por qué, ¿habría consentido de todos modos?

No te juzgues duramente. Simplemente observa. La mayoría de nuestros intentos de influencia son éticamente ambiguos, no claramente buenos o malos.

Lo que estás entrenando: reflexividad ética, la capacidad de examinar tus propias motivaciones con honestidad.

CONCLUSIÓN PROFESIONAL DEL CAPÍTULO

La PNL no es lo que sus vendedores más entusiastas afirman, ni lo que sus críticos más severos temen.

Es un conjunto de modelos pragmáticos y técnicas operativas que, cuando se usan con criterio, pueden mejorar tu capacidad de comunicarte con precisión, regular tu propio estado y facilitar que otros piensen con mayor claridad. Nada más. Pero también nada menos.

La pregunta relevante no es "¿funciona la PNL?" como si fuera un tratamiento médico con una tasa de efectividad medible. La pregunta relevante es: "¿Esta herramienta específica, aplicada en este contexto específico, por esta persona específica, con este nivel de habilidad, mejora los resultados de manera ética?"

Esa es una pregunta que solo puede responderse con juicio profesional, práctica sostenida y reflexión honesta.

Si has llegado hasta aquí, probablemente ya no ves la PNL como magia ni como charlatanería total. Espero que la veas como lo que es: herramientas. Herramientas que requieren habilidad para usarse bien. Herramientas que tienen contextos apropiados e inapropiados. Herramientas que amplifican tu capacidad existente, pero no la crean.

El resto de este libro te presentará herramientas específicas. Pero este capítulo es el fundamento: antes de usar cualquier herramienta, necesitas saber qué es, qué no es, cuándo es útil y cuándo no lo es.

La competencia comienza con claridad. Ahora la tienes.

CAPÍTULO 2
EL CEREBRO QUE CAMBIA: LA NEUROCIENCIA PRÁCTICA DETRÁS DE LA PNL ÚTIL

Durante una conferencia de liderazgo corporativo, el ponente principal —un consultor con credenciales impresionantes— mostró una diapositiva con una imagen colorida del cerebro. "Cuando usas estas técnicas," explicó con confianza, "estás activando la corteza prefrontal y reduciendo la actividad de la amígdala. Es pura neurociencia."

La sala reaccionó con asentimientos de aprobación. Algunos participantes tomaron fotos de la diapositiva. Pero en la segunda fila, una directora de recursos humanos con maestría en psicología organizacional frunció el ceño. Después de la sesión, me comentó: "Esa explicación sonaba impresionante, pero ¿realmente sabemos que eso es lo que está pasando? ¿O simplemente estamos pegando lenguaje neurocientífico a algo que ya sabíamos funciona por otras razones?"

Era una pregunta excelente.

Vivimos en una era de "neuro-todo." Neuromarketing. Neuroliderazgo. Neuroventas. Neuroeducación. Agregar el prefijo "neuro" a cualquier disciplina parece otorgarle autoridad científica instantánea. Y la PNL no ha sido inmune a esta tendencia. De hecho, la palabra "neuro" está literalmente en su nombre, lo cual ha facilitado la apropiación de lenguaje neurocientífico para validar prácticas que, en su origen, no tenían nada que ver con la neurociencia moderna.

El resultado es una confusión generalizada. Por un lado, hay profesionales que asumen que porque algo menciona "el cerebro," debe ser científicamente sólido. Por otro lado, hay profesionales educados que rechazan cualquier cosa que suene a neurociencia aplicada, asumiendo que todo es pseudociencia disfrazada.

Ninguna de estas posiciones es completamente correcta.

La verdad es más matizada: hay principios reales de la neurociencia cognitiva y la psicología que pueden ayudarnos a entender por qué ciertas prácticas —incluidas algunas asociadas con la PNL— tienden a ser útiles en ciertos contextos. Pero reconocer esos principios no es lo mismo que validar la PNL como ciencia, ni significa que las explicaciones populares sobre "cómo funciona el cerebro" sean precisas.

Este capítulo tiene un propósito específico: darte una comprensión conceptual de los mecanismos reales que podrían estar operando cuando técnicas de PNL u otras prácticas similares resultan útiles, sin caer en el error de confundir plausibilidad con prueba, o explicación con validación.

LA FALSA PROMESA (EL NEURO-HYPE)

Antes de explorar qué sabemos realmente, necesitamos desmontar lo que frecuentemente se afirma sin fundamento sólido.

El uso decorativo de la neurociencia

Hay un fenómeno bien documentado en la investigación sobre comunicación científica: las explicaciones que incluyen imágenes del cerebro o referencias a procesos neuronales son percibidas como más convincentes, incluso cuando la información neurocientífica añadida no aporta nada al argumento lógico.

Los investigadores llaman a esto "neuro-seducción." Una afirmación que dice "esta técnica mejora la toma de decisiones" es menos persuasiva que la misma afirmación que añade "porque activa la corteza prefrontal dorsolateral." El problema es que la segunda versión no es necesariamente más verdadera, solo más impresionante.

En el contexto de la PNL y campos relacionados, esto se manifiesta de varias maneras:

Imágenes cerebrales decorativas. Diapositivas con scans de resonancia magnética que no provienen de investigaciones específicas sobre las técnicas que se están enseñando, sino que simplemente ilustran "el cerebro en acción."

Menciones a estructuras cerebrales específicas. "Esto trabaja con el sistema límbico." "Esto accede al hemisferio derecho." Declaraciones que suenan específicas pero que rara vez están respaldadas por estudios que demuestren que la técnica en cuestión realmente afecta esas estructuras de la manera descrita.

Jerga técnica innecesaria. Uso de términos como "sinapsis," "neurotransmisores," o "plasticidad sináptica" en contextos donde no añaden claridad, solo apariencia de sofisticación científica.

El objetivo de este uso decorativo no es educar. Es persuadir mediante la apariencia de autoridad científica.

Errores comunes en afirmaciones "neurocientíficas"

Veamos algunos de los errores más frecuentes cuando se invoca la neurociencia para justificar prácticas de PNL o similares:

Error 1: Causalidad inversa mal atribuida

Afirmación típica: "Esta técnica cambia tus patrones cerebrales, y por eso cambia tu comportamiento."

El problema: Prácticamente cualquier cambio en experiencia, pensamiento o comportamiento tiene un correlato neural. No porque la técnica esté "reprogramando el cerebro," sino porque toda experiencia consciente tiene base neural. Si cambias tu comportamiento por cualquier razón, tus patrones cerebrales también cambiarán. La técnica no es especial por generar cambios neurales; cualquier experiencia lo hace.

Error 2: Localización simplificada

Afirmación típica: "Esto activa tu corteza prefrontal y desactiva tu amígdala."

El problema: El cerebro no funciona como un tablero de interruptores donde ciertas áreas se "activan" o "desactivan" completamente. La mayoría de los procesos cognitivos y emocionales involucran redes distribuidas de regiones cerebrales que interactúan de maneras complejas y dependientes del contexto. Hablar de "activar" o "desactivar" áreas específicas es una simplificación extrema que distorsiona la complejidad real.

Error 3: Confundir correlación con mecanismo

Afirmación típica: "Sabemos que funciona porque vemos cambios en la actividad cerebral."

El problema: Observar que algo se correlaciona con actividad cerebral no explica por qué funciona. Si una técnica ayuda a alguien a sentirse más tranquilo y medimos su actividad cerebral, probablemente veremos cambios. Pero eso no nos dice si la técnica en sí es el factor activo, o si es el contexto, la relación con el facilitador, las expectativas del participante, o cualquier otro elemento.

Error 4: Generalización de estudios no relacionados

Afirmación típica: "La neuroplasticidad demuestra que podemos reprogramar completamente nuestro cerebro."

El problema: La neuroplasticidad es un fenómeno real y bien documentado. Pero los estudios que demuestran neuroplasticidad (por ejemplo, cambios estructurales en el cerebro de músicos expertos o taxistas de Londres) no validan automáticamente cualquier método que afirme "usar" la neuroplasticidad. Es como decir que porque sabemos que el ejercicio fortalece los músculos, cualquier programa de fitness debe funcionar.

Error 5: Ignorar la brecha entre correlatos neurales y eficacia clínica

Afirmación típica: "Esto tiene base neurocientífica, así que debe funcionar."

El problema: Tener una explicación plausible de cómo algo podría funcionar no es evidencia de que realmente funcione en la práctica. La eficacia de una intervención debe demostrarse empíricamente, no deducirse de principios teóricos.

Por qué esto importa profesionalmente

Si eres un profesional que evalúa métodos, herramientas o programas de formación, necesitas poder distinguir entre:

- **Uso legítimo de neurociencia:** Explicaciones que se basan en investigación sólida, reconocen sus límites, y se presentan con humildad epistémica.

- **Neuro-lavado:** Uso de lenguaje neurocientífico para dar apariencia de validación científica a prácticas que no han sido probadas rigurosamente.

La capacidad de hacer esta distinción no requiere un doctorado en neurociencia. Requiere pensamiento crítico y algunas señales de advertencia claras:

- Si la explicación es sorprendentemente simple para un fenómeno complejo, sospecha.
- Si menciona partes específicas del cerebro sin citar estudios concretos, sospecha.
- Si usa neurociencia para "probar" algo en lugar de para "contextualizar" o "hacer plausible," sospecha.
- Si la explicación neurocientífica parece diseñada para impresionar más que para informar, sospecha.

Tu escepticismo no es un obstáculo para aprender. Es tu herramienta de navegación en un campo donde el marketing a menudo se disfraza de ciencia.

LO QUE REALMENTE SÍ TIENE SENTIDO (PRINCIPIOS PLAUSIBLES)

Dicho todo lo anterior, hay principios bien establecidos en neurociencia cognitiva y psicología que sí pueden ayudarnos a entender por qué ciertas prácticas —incluidas algunas asociadas con la PNL— tienden a ser útiles.

La clave es tratarlos como principios explicativos generales, no como validación específica de técnicas particulares.

Neuroplasticidad: el cerebro como sistema adaptativo

Uno de los descubrimientos más importantes de la neurociencia moderna es que el cerebro adulto no es una estructura fija. Es plástico: cambia estructural y funcionalmente en respuesta a la experiencia.

Esta no es una metáfora. Es observable. Estudios con resonancia magnética han mostrado que:

- Músicos expertos tienen mayor volumen de materia gris en áreas relacionadas con el control motor fino y procesamiento auditivo.
- Taxistas de Londres, que deben memorizar mapas complejos de la ciudad, muestran mayor volumen en el hipocampo, región asociada con memoria espacial.
- Personas que aprenden malabares muestran cambios estructurales en regiones visuales y motoras después de semanas de práctica.

¿Qué significa esto para ti como profesional?

Significa que las habilidades no son fijas. La capacidad de tu cerebro para comunicarte efectivamente, regular tus emociones, tomar decisiones bajo presión o mantener atención concentrada puede mejorar con práctica sostenida. No ilimitadamente, y no sin esfuerzo, pero genuinamente.

Esto es consistente con por qué las técnicas de PNL (o cualquier otra práctica comunicativa) mejoran con repetición. No porque estés "reprogramando" tu cerebro en algún sentido místico, sino porque la práctica repetida, especialmente cuando es atenta y recibe retroalimentación, facilita cambios neurales que hacen la habilidad más automática y fluida.

Una forma útil de pensarlo: Imagina que tu cerebro es como una red de caminos. Algunos caminos son autopistas bien pavimentadas (hábitos establecidos, respuestas automáticas). Otros son senderos apenas visibles (nuevas habilidades, respuestas no habituales). Cada vez que practicas una nueva manera de comunicarte o de regular tu estado emocional, estás "transitando" ese sendero. Con suficiente tránsito, el sendero se vuelve más claro, más ancho, más fácil de transitar. Eventualmente puede convertirse en autopista.

Esto no ocurre en una sesión. No ocurre simplemente leyendo. Ocurre con práctica distribuida en el tiempo.

Aprendizaje procedimental vs. declarativo

Hay una distinción importante en cómo aprendemos diferentes tipos de información.

Conocimiento declarativo es saber *qué*. Hechos, conceptos, información explícita. "La capital de Francia es París." "El metamodelo del lenguaje identifica generalizaciones, omisiones y distorsiones."

Conocimiento procedimental es saber *cómo*. Habilidades, procedimientos, capacidades implícitas. Montar en bicicleta. Leer el lenguaje corporal de alguien durante una negociación. Calibrar tu tono de voz según el estado emocional de tu interlocutor.

La distinción es crucial porque estos dos tipos de conocimiento se adquieren de maneras diferentes y se almacenan en sistemas neurales parcialmente diferentes.

Puedes leer todo sobre cómo hacer rapport. Eso te da conocimiento declarativo. Pero saber *cómo* establecer rapport efectivamente en una conversación real es conocimiento procedimental, y solo se desarrolla mediante práctica repetida en contextos reales o realistas.

Este es uno de los errores más comunes en formaciones de PNL: tratar habilidades procedimentales como si fueran conocimiento declarativo. "Ahora que te he explicado la técnica, sabes cómo hacerla." No. Ahora sabes *sobre* la técnica. Saber hacerla es diferente.

La buena noticia es que el aprendizaje procedimental, aunque más lento, tiende a ser más duradero y menos dependiente del esfuerzo consciente. Una vez que has internalizado una habilidad comunicativa, la puedes ejecutar sin pensar deliberadamente en cada paso.

Implicación práctica: Si quieres desarrollar agilidad comunicativa, no basta con entender conceptos. Necesitas práctica deliberada, repetida, con atención a la retroalimentación. Esto es consistente con por qué algunas personas que han "estudiado" mucha PNL siguen siendo comunicadores rígidos, mientras que otras con menos conocimiento teórico pero más práctica real son mucho más efectivas.

Estado-dependencia: el contexto interno afecta el rendimiento

Un principio bien establecido en psicología cognitiva es que nuestro rendimiento en cualquier tarea es dependiente del estado en el que nos encontramos.

Tu capacidad de pensar con claridad, tomar decisiones complejas, acceder a tu memoria, regular impulsos, y comunicarte efectivamente varía según tu estado fisiológico y emocional actual.

Esto no es sorprendente. Sabes por experiencia que piensas diferente cuando estás tranquilo versus cuando estás estresado. Cuando estás descansado versus exhausto. Cuando te sientes seguro versus amenazado.

Lo que la investigación neurocientífica añade es una comprensión de por qué ocurre esto a nivel de sistemas. Cuando experimentas estrés agudo, por ejemplo:

- El eje hipotálamo-pituitario-adrenal se activa, liberando cortisol.
- Tus sistemas de respuesta rápida (orientados a supervivencia inmediata) se priorizan.

- Tus sistemas de pensamiento complejo, planificación a largo plazo y regulación deliberada se vuelven menos accesibles.

Esto es evolutivamente adaptativo. Si hay una amenaza inmediata, no es el momento de analizar opciones cuidadosamente. Es el momento de actuar rápido. Pero en contextos profesionales modernos, donde la "amenaza" es una presentación de alto riesgo o una negociación difícil, esta respuesta fisiológica puede ser contraproducente.

¿Qué tiene que ver esto con PNL?

Muchas técnicas de PNL son, esencialmente, estrategias de gestión de estado. Anclaje, respiración controlada, reencuadre cognitivo, visualización — todas ellas son maneras de influir deliberadamente en tu estado interno antes o durante situaciones de alto rendimiento.

No funcionan porque estés "reprogramando tu amígdala" o "activando tu corteza prefrontal." Funcionan, cuando funcionan, porque te ayudan a acceder a estados fisiológicos y cognitivos que son más conducentes al tipo de rendimiento que necesitas en ese momento.

Una analogía útil: Piensa en tu estado como el clima interno en el que operas. No puedes controlar completamente el clima, pero puedes influir en él y, crucialmente, puedes aprender a reconocer qué tipo de clima tienes y ajustar tu comportamiento en consecuencia. Algunas técnicas son como abrir una ventana. Otras son como encender la calefacción. No cambian fundamentalmente quién eres, pero sí pueden cambiar las condiciones en las que operas.

Cognición corporeizada: el cuerpo afecta la mente

Durante décadas, la psicología cognitiva trató la mente como si fuera un ordenador desconectado del cuerpo. El cuerpo era simplemente el hardware que ejecutaba el software mental. Esta visión ha sido profundamente revisada.

La investigación ahora muestra que hay interacciones bidireccionales continuas entre estados corporales y procesos mentales. Tu postura afecta tu estado emocional. Tu respiración influye en tu capacidad de concentración. Tus expresiones faciales no solo reflejan emociones, sino que pueden influirlas.

Ejemplos de estudios que ilustran esto:

- Personas que sostienen un lápiz entre los dientes (activando músculos asociados con sonreír) reportan encontrar caricaturas más graciosas que personas que sostienen el lápiz entre los labios (inhibiendo la sonrisa).
- Adoptar posturas expansivas (brazos abiertos, pecho hacia fuera) durante dos minutos se correlaciona con cambios en niveles de testosterona y cortisol, y con mayor disposición a asumir riesgos.
- Reducir deliberadamente la frecuencia respiratoria activa el sistema nervioso parasimpático, asociado con respuesta de relajación.

Es importante notar que estos efectos tienden a ser modestos y variables entre individuos. No estamos hablando de cambios dramáticos. Pero sí de influencias reales y medibles.

Conexión con PNL:

Muchas técnicas de PNL incorporan componentes corporales: posturas, gestos, movimientos oculares, patrones de respiración. Desde una perspectiva de cognición corporeizada, tiene sentido que estas intervenciones puedan tener efectos sobre el estado mental y emocional.

Nuevamente, esto no valida técnicas específicas. No significa que mover tus ojos en cierta dirección "acceda" a cierta parte de tu cerebro, como algunas versiones de PNL afirman. Significa que hay plausibilidad en la idea general de que intervenciones corporales pueden influir en estados mentales.

Implicación práctica: Prestar atención a tu estado corporal —tensión muscular, respiración, postura— no es pseudociencia new age. Es reconocer la integración real entre cuerpo y mente. Pequeños ajustes corporales pueden facilitar pequeños cambios en tu estado mental, lo cual puede ser útil en contextos donde esos pequeños cambios importan.

Atención, repetición y consolidación

El aprendizaje no ocurre simplemente por exposición. Ocurre cuando prestamos atención, cuando repetimos, y cuando consolidamos.

La atención funciona como un filtro. De toda la información disponible en cualquier momento, solo una fracción diminuta entra a procesamiento consciente y aún menos se consolida en memoria a largo plazo. Lo que determina qué información se procesa es, en gran medida, dónde está tu atención.

La repetición fortalece conexiones. A nivel neural, cuando patrones de actividad se repiten, las conexiones sinápticas se fortalecen (un principio resumido como "neuronas que disparan juntas, se conectan juntas"). Esto hace que el patrón sea más fácil de activar en el futuro.

La consolidación requiere tiempo y, a menudo, sueño. El aprendizaje no se "fija" instantáneamente. Hay un proceso de consolidación que ocurre durante horas y días después de la práctica inicial, donde el cerebro reorganiza y estabiliza la nueva información.

Conexión con desarrollo de habilidades:

Esto explica por qué:

- Una formación intensiva de fin de semana raramente produce cambio sostenido. Puede generar insights útiles, pero sin práctica distribuida y consolidación, el conocimiento se desvanece.

- La práctica deliberada (atenta, enfocada, con retroalimentación) es mucho más efectiva que la práctica mecánica o distraída. La atención es el ingrediente crítico.

- Dormir bien después de aprender algo nuevo no es lujo, sino parte del proceso de aprendizaje.

Implicación para PNL y cualquier otra habilidad compleja:
No esperes maestría rápida. No confundas comprensión conceptual con habilidad real. Y si quieres retener lo que aprendes, necesitas práctica espaciada en el tiempo, no sesiones intensivas aisladas.

LÍMITES Y RIESGOS (DONDE SE CRUZA LA LÍNEA)

Entender principios neurocientíficos generales puede mejorar tu juicio sobre qué prácticas son plausibles y por qué. Pero también necesitas saber dónde terminan las explicaciones sólidas y dónde comienza la especulación o el error.

Lo que la neurociencia no dice

Es importante ser claro sobre lo que la neurociencia actual *no* nos dice:

No nos dice qué técnicas específicas de PNL funcionan mejor para qué objetivos. La investigación en neuroplasticidad, cognición corporeizada, o estado-dependencia no valida técnicas particulares. Establece principios generales que son consistentes con por qué ciertas categorías de intervención podrían ser útiles, pero no determina cuáles específicamente lo son.

No nos dice cómo generalizar resultados de laboratorio a contextos reales. Muchos estudios neurocientíficos se realizan en condiciones altamente controladas con tareas muy específicas. La generalización a situaciones profesionales complejas y variables es incierta.

No nos dice que todos responderemos igual. Hay variabilidad individual significativa en casi todo lo relacionado con cognición y comportamiento. Lo que funciona para una persona puede no funcionar para otra, incluso si el principio subyacente es sólido.

No nos da recetas. La neurociencia puede informar práctica, pero no prescribe técnicas específicas. Saber que la atención es crítica para el aprendizaje no te dice exactamente cómo deberías estructurar una sesión de formación.

Plausibilidad no es prueba

Esta es una distinción crítica que se pierde constantemente:

Plausibilidad significa que algo es consistente con lo que sabemos sobre cómo funciona el cerebro. Hay una explicación razonable de por qué podría funcionar.

Prueba significa que hay evidencia empírica sólida, idealmente de estudios controlados y replicados, de que efectivamente funciona en la práctica.

Una técnica puede ser plausible sin estar probada. También puede estar probada sin que sepamos exactamente por qué funciona (muchos medicamentos se descubrieron antes de entender su mecanismo de acción).

El error es asumir que porque algo tiene una explicación neurocientífica plausible, debe funcionar. O que porque funciona en la práctica, nuestra explicación neurocientífica de por qué funciona debe ser correcta.

Ambas son falacias lógicas.

Experiencia individual no es evidencia universal

Tal vez has usado una técnica de anclaje y te ayudó a sentirte más tranquilo antes de una presentación importante. Esa es una experiencia válida y personalmente útil.

Pero tu experiencia individual no demuestra que:

- La técnica funcione para otros de la misma manera.
- La técnica sea la causa de tu cambio de estado (pudo ser la práctica, la expectativa, el ritual de preparación, o cualquier otro factor).
- La explicación neurocientífica que se te dio sobre por qué funciona sea correcta.

Este no es un argumento para desconfiar de tu experiencia. Es un argumento para ser humilde sobre qué conclusiones extraes de ella.

Si algo funciona para ti, úsalo. No necesitas validación científica para actuar sobre evidencia personal. Pero ten cuidado de no generalizar tu experiencia en afirmaciones universales sobre "cómo funciona el cerebro."

Los riesgos de la falsa certeza

Cuando las personas confunden explicaciones neurocientíficas con validación científica definitiva, varios riesgos emergen:

Rigidez técnica. "Tengo que hacer la técnica exactamente así porque es cómo funciona el cerebro." Esta actitud reduce la flexibilidad y la capacidad de adaptar según el contexto.

Sobreconfianza. "Esto está respaldado por la neurociencia, así que debe funcionar." Esta confianza puede llevar a aplicar técnicas en situaciones donde no son apropiadas.

Aplicación incorrecta a salud mental. "Puedo resolver mi ansiedad (o la de otros) con estas técnicas cerebrales." Esto es especialmente peligroso. Los trastornos de ansiedad clínica, depresión, trauma y otras condiciones de salud mental requieren intervención profesional, no técnicas de autoayuda presentadas con lenguaje neurocientífico.

Negligencia de otros factores. Si crees que todo se reduce a "técnicas cerebrales," puedes ignorar factores contextuales, relacionales, sistémicos o estructurales que son igualmente o más importantes.

La línea entre coaching y terapia (otra vez)

Este es un punto que requiere repetición porque las consecuencias de cruzar esta línea son serias.

Coaching (incluido coaching que usa técnicas de PNL) trabaja con personas funcionalmente competentes que quieren mejorar rendimiento, desarrollar habilidades o alcanzar objetivos específicos. Asume que la persona tiene recursos internos básicos y capacidad de agencia.

Terapia trabaja con personas que experimentan sufrimiento psicológico significativo, síntomas clínicos, trauma no resuelto, o patrones disfuncionales arraigados que interfieren con funcionamiento básico. Requiere formación especializada, supervisión, diagnóstico diferencial y, a menudo, intervenciones más profundas y sostenidas.

El lenguaje neurocientífico puede crear la ilusión de que si "entiendes cómo funciona el cerebro," puedes intervenir en cualquier problema psicológico. Esto es falso y peligroso.

Si alguien presenta con síntomas que sugieren depresión clínica, trastorno de ansiedad, TEPT u otras condiciones diagnosticables, tu responsabilidad profesional —independientemente de cuánto sepas sobre neurociencia o PNL— es derivar a un profesional de salud mental licenciado.

Tener una explicación neurocientífica de cómo funciona la ansiedad no te califica para tratar trastornos de ansiedad.

APLICACIÓN PRÁCTICA RESPONSABLE

Entender estos principios neurocientíficos no es un fin en sí mismo. Es una herramienta para mejorar tu juicio profesional sobre cómo aprender, cómo regular tu estado y cómo facilitar el aprendizaje en otros.

Usar neurociencia como marco interpretativo, no como argumento de autoridad

Aquí está la diferencia:

Mal uso (argumento de autoridad): "Esta técnica activa tu corteza prefrontal, así que sabemos que funciona para mejorar la toma de decisiones."

Uso apropiado (marco interpretativo): "Una forma de entender por qué esta práctica puede ser útil es que requiere el tipo de atención sostenida y regulación deliberada que sabemos, por investigación neurocientífica, está asociado con mejor funcionamiento ejecutivo. Eso no garantiza que funcione para ti, pero sugiere por qué vale la pena intentarlo."

La segunda versión:

- Reconoce que es una interpretación, no un hecho probado.
- Invita a la persona a evaluar por sí misma si funciona.
- No usa neurociencia para coercer o impresionar.

Cuando trabajas con otros —como líder, formador, coach, consultor— evita usar neurociencia como estrategia de persuasión. Úsala para ayudar a las personas a entender qué podría estar pasando, de manera que puedan tomar decisiones más informadas sobre su propia práctica.

Interpretar tu propia experiencia con humildad

Cuando experimentas con una técnica nueva —ya sea de PNL o cualquier otra cosa— presta atención a:

¿Qué cambió realmente? Sé específico. No "me sentí mejor," sino "noté que mi respiración era más lenta y mis hombros estaban menos tensos."

¿Qué más estaba presente? Contexto, expectativas, relación con quien te enseñó la técnica, tu estado inicial, tu motivación. Todos estos factores influyen en el resultado.

¿Es replicable? Intentar algo una vez y tener una experiencia positiva no es evidencia sólida. ¿Funciona consistentemente? ¿En diferentes contextos? ¿Con diferentes niveles de estrés inicial?

¿Qué pasaría si no hicieras nada? A veces simplemente pausar, respirar y prestar atención es suficiente, sin ninguna técnica específica.

Mantener esta curiosidad crítica no reduce la efectividad de lo que haces. La mejora, porque te ayuda a identificar qué realmente importa.

Ejemplos profesionales realistas

Veamos cómo estos principios se aplicarían en situaciones profesionales concretas:

Ejemplo 1: Preparación para situaciones de alto rendimiento

Contexto: Tienes una negociación crítica mañana. Históricamente, tiendes a ponerte ansioso, lo cual afecta tu claridad mental.

Aplicación informada por neurociencia:

Reconoces que el rendimiento es estado-dependiente. Tu objetivo es entrar a la negociación en un estado que facilite pensamiento claro y flexibilidad, no en un estado de ansiedad elevada.

Practicas una rutina de preparación:

- Revisas tus objetivos y opciones mientras estás tranquilo, para que esa información esté accesible incluso si tu estado cambia.
- Usas respiración controlada (inhalar 4 segundos, exhalar 6 segundos) durante 3-5 minutos antes de entrar. Esto no es magia; es usar el hecho conocido de que la respiración lenta activa respuesta parasimpática.
- Si has practicado anclaje previamente y has encontrado que te ayuda, lo usas. Si no, no inventas una técnica nueva justo antes de una situación crítica.

Lo importante: No estás "reprogramando tu cerebro." Estás usando prácticas que, basándote en principios neurocientíficos y tu propia experiencia, tienden a facilitar el estado que necesitas.

Ejemplo 2: Aprendizaje de una nueva habilidad compleja

Contexto: Estás desarrollando tu capacidad de leer señales no verbales en negociaciones.

Aplicación informada por neurociencia:

Entiendes que esto es aprendizaje procedimental. No basta con leer sobre señales no verbales. Necesitas práctica repetida con atención.

Diseñas tu práctica:

- Observas deliberadamente en conversaciones reales (no solo estudias teoría).
- Te enfocas en un aspecto a la vez (por ejemplo, congruencia entre lenguaje verbal y no verbal) en lugar de intentar notar todo simultáneamente.
- Después de cada conversación importante, reflexionas: ¿Qué noté? ¿Qué me perdí? ¿Qué interpretaciones hice que resultaron correctas o incorrectas?
- Espacias tu práctica en el tiempo, sabiendo que la consolidación requiere distribución temporal.

Lo importante: Respetas los principios de cómo se adquieren habilidades complejas. No esperas maestría rápida. No confundes conocimiento declarativo con habilidad procedimental.

Ejemplo 3: Gestión de energía y atención

Contexto: Tienes días de trabajo intensos que requieren concentración sostenida.

Aplicación informada por neurociencia:

Reconoces que la atención es un recurso limitado que se agota con el uso y se recupera con descanso.

Ajustas tu comportamiento:

- Programas trabajo que requiere máxima concentración cuando tu energía es más alta (para muchas personas, primeras horas de la mañana).
- Tomas descansos breves cada 90 minutos, aprovechando los ciclos naturales de atención (ritmos ultradianos).
- Cuando notas que tu mente divaga repetidamente, en lugar de forzar concentración, cambias a una tarea diferente o tomas un descanso real.
- Proteges tu sueño, reconociendo su papel en consolidación de aprendizaje y recuperación cognitiva.

Lo importante: No luchas contra la biología. Trabajas con ella, diseñando tu entorno y tus hábitos de manera consistente con lo que sabemos sobre atención, fatiga cognitiva y recuperación.

PRÁCTICA DE LA HABILIDAD (GIMNASIO MENTAL)

Estos ejercicios están diseñados para desarrollar consciencia sobre cómo tu estado afecta tu rendimiento y cómo puedes influir en ese estado deliberadamente.

Ejercicio 1: Mapeo de estados y rendimiento

Durante una semana, presta atención a tu estado interno en diferentes momentos del día, especialmente antes y durante tareas importantes.

Nota:

- **Estado físico:** Nivel de energía, tensión muscular, frecuencia respiratoria.
- **Estado cognitivo:** Claridad mental, capacidad de concentración, flexibilidad de pensamiento.
- **Estado emocional:** Ansiedad, confianza, frustración, calma.

Después de cada tarea o interacción importante, reflexiona: ¿Cómo estaba mi estado? ¿Cómo afectó mi rendimiento?

Propósito: Desarrollar consciencia de la relación entre estado y rendimiento en tu experiencia específica. No asumas que esto es igual para todos. Estás mapeando tu propio patrón.

Qué estás entrenando: Metacognición —la capacidad de observar tus propios procesos mentales y emocionales mientras ocurren.

Ejercicio 2: Experimento de micro-ajustes corporales

Cuando notes que estás en un estado que no es útil para lo que necesitas hacer (por ejemplo, ansiedad antes de una reunión, fatiga durante una tarea que requiere concentración), experimenta con pequeños ajustes corporales:

- Cambia tu postura.
- Ajusta tu respiración (más lenta, más profunda).
- Relaja deliberadamente músculos específicos (hombros, mandíbula, manos).
- Muévete brevemente (camina, estira).

Observa: ¿Qué ocurre? ¿Hay algún cambio en tu estado mental o emocional? ¿Qué ajustes parecen tener más efecto para ti?

Propósito: Explorar empíricamente la conexión cuerpo-mente en tu experiencia, sin asumir que lo que funciona para otros funcionará para ti.

Qué estás entrenando: Agencia sobre tu propio estado. La capacidad de hacer ajustes deliberados en lugar de ser pasivo frente a cómo te sientes.

Ejercicio 3: Práctica deliberada vs. práctica mecánica

Elige una habilidad comunicativa que estés desarrollando (hacer preguntas más precisas, escuchar sin interrumpir, ajustar tu tono según el contexto, etc.).

Durante dos semanas, compara:

- **Semana 1:** Practicas "naturalmente" en tus conversaciones cotidianas, sin atención especial.
- **Semana 2:** Practicas deliberadamente. Antes de cada conversación importante, decides qué aspecto específico vas a atender. Después, reflexionas sobre qué notaste.

Al final, compara: ¿Hubo diferencia en cuánto mejoraste entre ambas semanas?

Propósito: Experimentar directamente la diferencia entre práctica mecánica y práctica deliberada atenta.

Qué estás entrenando: La habilidad de dirigir tu atención intencionalmente durante el aprendizaje, en lugar de simplemente "hacer tiempo" practicando.

CONCLUSIÓN PROFESIONAL DEL CAPÍTULO

La neurociencia no valida la PNL como ciencia. Pero sí proporciona un marco para entender por qué algunas de las prácticas asociadas con la PNL —y muchas otras estrategias de aprendizaje, autorregulación y comunicación— pueden ser útiles.

El cerebro es plástico. Cambia en respuesta a la experiencia. Ese cambio requiere atención, práctica repetida y tiempo. Tu rendimiento en cualquier momento depende de tu estado. Tu estado puede ser influido, aunque no completamente controlado. Tu cuerpo y tu mente están integrados, no separados.

Estos son principios sólidos, respaldados por décadas de investigación. Nos ayudan a pensar con mayor claridad sobre qué podría funcionar y por qué. Pero no nos dicen qué técnicas específicas funcionan para qué personas en qué contextos. Eso solo puede determinarse mediante experiencia práctica y, idealmente, investigación empírica rigurosa.

Tu trabajo como profesional no es memorizar explicaciones neurocientíficas para impresionar a otros. Es usar estos principios como herramientas de pensamiento: para evaluar afirmaciones críticamente, para diseñar tu propia práctica de manera más inteligente, y para reconocer tus límites.

Cuando alguien te diga "esto funciona porque activa la corteza prefrontal," ahora sabes que eso probablemente es una simplificación excesiva o un uso decorativo de neurociencia. Cuando alguien te diga "no hay evidencia científica para nada de esto," ahora sabes que hay principios neurocientíficos que sí son consistentes con por qué ciertas prácticas podrían ser útiles, aunque eso no sea lo mismo que prueba definitiva.

Entender mecanismos plausibles mejora tu juicio. No reemplaza la necesidad de evaluar resultados en la práctica. No justifica aplicar técnicas sin considerar ética, contexto y límites profesionales.

Las técnicas sin comprensión son frágiles. Se aplican rígidamente, sin adaptación. Se abandonan cuando no funcionan inmediatamente, porque no hay marco para entender por qué podrían requerir ajustes o práctica sostenida.

La comprensión sin práctica es estéril. Puedes entender perfectamente los principios de neuroplasticidad, estado-dependencia y cognición corporeizada, y seguir siendo un comunicador rígido si nunca practicas realmente.

Lo que necesitas es ambos: comprensión suficiente para informar tu práctica, y práctica suficiente para desarrollar habilidad real.

Ahora tienes la comprensión. El resto del libro te dará las herramientas. Pero convertirlas en habilidad depende de ti.

CAPÍTULO 3
EL PRINCIPIO DE REALIDAD: CUÁNDO FUNCIONA LA PNL Y CUÁNDO ES UN PLACEBO CARO

Un director de operaciones de una empresa mediana asistió a un taller de liderazgo donde aprendió técnicas de PNL para "gestionar resistencia al cambio." Regresó a su organización convencido de que podría resolver un problema que llevaba meses sin avanzar: su equipo se resistía sistemáticamente a implementar un nuevo sistema de gestión de proyectos.

Aplicó todo lo que había aprendido. Trabajó en su propio estado antes de las reuniones. Usó técnicas de rapport. Reencuadró las objeciones del equipo como "oportunidades de aprendizaje." Calibró cuidadosamente el lenguaje corporal de sus colaboradores. Después de tres semanas de aplicar estas técnicas consistentemente, el problema seguía intacto.

La frustración del director era palpable cuando me lo describió. "Se supone que esto funciona. ¿Qué estoy haciendo mal?"

La respuesta era incómoda pero necesaria: no estaba haciendo nada mal técnicamente. El problema era que había diagnosticado mal la situación. La resistencia de su equipo no era un problema de comunicación o de mentalidad. Era un problema estructural: el nuevo sistema requería el doble de tiempo de entrada de datos sin reducir ninguna otra carga de trabajo, sin ofrecer beneficios claros al equipo operativo, y sin recursos adicionales para la transición.

Ninguna cantidad de rapport o reencuadre iba a cambiar esa realidad matemática.

Este patrón se repite constantemente en entornos profesionales. Alguien aprende herramientas de PNL, se entusiasma con su potencial, y comienza a aplicarlas indiscriminadamente. Cuando no funcionan, asume que necesita más entrenamiento, mejor técnica, o más fe en el proceso. Rara vez considera la posibilidad más simple: que la herramienta es inapropiada para el problema.

En otro caso, una consultora de recursos humanos usó técnicas de PNL para ayudar a un empleado que "no tenía confianza" en presentaciones. Después de varias sesiones de trabajo en anclajes y visualización, el empleado seguía ansioso. Eventualmente, una conversación más directa reveló que el problema no era confianza. Era que el empleado tenía un trastorno de ansiedad social diagnosticado que requería tratamiento profesional, no coaching.

El costo de este tipo de errores no es solo tiempo perdido. Es credibilidad dañada, confianza erosionada, y personas que quedan con la impresión de que el problema es ellas ("si ni siquiera esto funciona, debo ser yo"), cuando en realidad el problema era la aplicación incorrecta de la herramienta.

La capacidad de discernir cuándo una herramienta es apropiada y cuándo no lo es, es tan importante como la habilidad técnica de usarla. Sin ese discernimiento, incluso las mejores técnicas se convierten en ruido.

LA FALSA PROMESA (LA PNL COMO SOLUCIÓN UNIVERSAL)

Para entender por qué la PNL se aplica tan frecuentemente fuera de su rango útil, necesitamos examinar cómo se vende y por qué esa narrativa es tan atractiva.

El problema del martillo

Hay un dicho atribuido a Abraham Maslow: "Si tu única herramienta es un martillo, todo problema te parece un clavo."

Este es exactamente el patrón que observo en muchos practicantes de PNL. Después de invertir tiempo y dinero en aprender técnicas, hay una tendencia humana comprensible de querer aplicarlas ampliamente. No solo por recobrar la inversión, sino porque cuando algo funciona una vez, es tentador creer que funcionará siempre.

Los programas de formación en PNL a menudo refuerzan esta tendencia. Presentan caso tras caso de éxito: fobias eliminadas, creencias limitantes transformadas, objetivos alcanzados. Lo que no muestran es el sesgo de selección: solo vemos los casos donde funcionó. Los casos donde no funcionó, o donde la persona necesitaba algo completamente diferente, no aparecen en los materiales de marketing.

El resultado es una falsa impresión de universalidad. "Si funciona para eliminar fobias, ¿por qué no funcionaría para mi problema de ventas?" "Si puede cambiar creencias, ¿por qué no puede resolver este conflicto de equipo?"

La respuesta es que diferentes problemas tienen diferentes estructuras causales.

La narrativa del atajo

Otra razón por la que la PNL se vende como solución universal es que promete eficiencia. "Resuelve en una sesión lo que la terapia tradicional tardaría meses." "Aprende en un fin de semana lo que a otros les toma años de práctica."

Esta narrativa es atractiva porque el tiempo es escaso. Los profesionales están ocupados. Si hay una manera más rápida de mejorar habilidades o resolver problemas, ¿por qué no tomarla?

El problema es que muchos tipos de desarrollo genuino no tienen atajos. El desarrollo de habilidades complejas requiere práctica distribuida en el tiempo. El cambio de patrones arraigados requiere trabajo sostenido. La construcción de competencia profesional requiere experiencia acumulada.

Presentar la PNL como atajo no solo es deshonesto; es contraproducente. Genera expectativas que no pueden cumplirse, lo cual lleva a desilusión y abandono prematuro de lo que podría haber sido útil si se hubiera enmarcado realísticamente.

La confusión entre síntoma y causa

Muchas aplicaciones incorrectas de PNL provienen de confundir síntomas con causas.

Un empleado que "no tiene motivación" puede estar experimentando eso como síntoma de:

- Agotamiento (burnout) por sobrecarga sostenida
- Falta de claridad sobre objetivos o expectativas
- Desajuste entre sus valores y el trabajo que hace
- Depresión clínica
- Simplemente que el trabajo no es interesante para esa persona

Las técnicas de PNL para "aumentar motivación" pueden ser apropiadas para algunos de estos escenarios (falta de claridad, desajuste de valores), pero completamente inapropiadas para otros (burnout, depresión).

Trabajar en el síntoma sin entender la causa raramente funciona bien. Y cuando no funciona, la conclusión incorrecta es "la técnica no sirve" o "yo no sirvo." La conclusión correcta es "diagnostiqué mal el problema."

Por qué esta narrativa es tan atractiva

Hay razones psicológicas comprensibles de por qué la promesa de una solución universal es seductora:

Reduce complejidad. Es cognitivamente más simple tener un conjunto de herramientas que aplicar consistentemente que tener que diagnosticar cada situación y elegir diferentes enfoques.

Ofrece control. Si hay técnicas que pueden resolver cualquier problema, entonces tengo control sobre cualquier situación. Eso es reconfortante en un mundo profesional lleno de incertidumbre.

Justifica inversión. Si invertí tiempo y dinero en aprender PNL, es más fácil creer que es universalmente útil que aceptar que tiene aplicaciones limitadas.

Proporciona identidad profesional. "Soy un practicante de PNL" es una identidad más clara y simple que "uso selectivamente algunas técnicas de PNL junto con muchas otras herramientas según el contexto."

Estas razones son humanas y comprensibles. No hacen que la creencia en universalidad sea correcta, pero explican por qué es persistente.

Por qué los profesionales eventualmente la rechazan

La realidad tiene una manera de corregir ilusiones. Cuando profesionales competentes aplican PNL indiscriminadamente, eventualmente acumulan suficientes casos donde no funciona que comienzan a cuestionar todo el sistema.

Este es el momento crítico. Algunos concluyen que "la PNL es una estafa" y la abandonan completamente. Otros concluyen que "necesito más entrenamiento" y se adentran más en el sistema. Pocos llegan a la conclusión más matizada: "estas herramientas tienen un rango de aplicabilidad limitado pero real, y mi trabajo es aprender a reconocer ese rango."

Tu escepticismo, si lo has desarrollado después de ver que la PNL no cumple sus promesas universales, no es un defecto. Es el resultado de tu inteligencia y experiencia funcionando correctamente. El problema no es la PNL como conjunto de herramientas. Es la PNL como se vende: universal, rápida, suficiente.

CUÁNDO LA PNL TIENE SENTIDO (DOMINIOS DE APLICABILIDAD)

Entonces, ¿cuándo tiene sentido considerar herramientas de PNL? La respuesta requiere cierta precisión.

Dominio 1: Dinámicas de comunicación interpersonal

La PNL es fundamentalmente un conjunto de modelos sobre comunicación. Tiene más sentido, por lo tanto, en contextos donde la comunicación es el factor limitante.

Escenarios apropiados:

Una negociación donde ambas partes tienen intereses legítimos pero están atascadas porque cada una interpreta las propuestas de la otra de manera distorsionada. Aquí, técnicas como el metamodelo del lenguaje (que examinaremos en detalle más adelante) pueden ayudar a clarificar qué cada persona realmente quiere decir.

Una reunión donde hay conflicto no porque los objetivos sean incompatibles, sino porque las personas están operando con mapas diferentes de la situación. Técnicas de reencuadre o exploración de perspectivas pueden ayudar a revelar esas diferencias.

Una conversación de coaching donde el cliente hace generalizaciones amplias ("nunca puedo...," "todos siempre...") que oscurecen información específica útil. Preguntas estructuradas pueden ayudar a desempaquetar esas generalizaciones.

Límites claros:
Esto funciona cuando:

- Las personas están dispuestas a comunicarse
- El problema es realmente malentendido o diferencias de perspectiva
- Hay buena fe de ambos lados
- El contexto permite conversación genuina

Esto no funciona cuando:

- Hay conflictos de intereses fundamentales
- Una o ambas partes están siendo deliberadamente opacas o deshonestas
- El desequilibrio de poder hace que la "comunicación mejorada" sea irrelevante
- El problema no es comunicación sino falta de información, recursos o competencia

Dominio 2: Autorregulación de estados emocionales y cognitivos

Muchas técnicas de PNL son estrategias para gestionar tu propio estado antes o durante situaciones de alto rendimiento.

Escenarios apropiados:
Preparación para una presentación importante donde tu historial muestra que la ansiedad anticipatoria afecta tu claridad. Técnicas de anclaje o visualización pueden ayudarte a entrar en un estado más útil.

Durante una conversación difícil donde notas que estás perdiendo calma y necesitas regularte en tiempo real. Atención a la respiración, ajuste de postura, o pausas deliberadas pueden ayudarte a recuperar equilibrio.

Después de una interacción estresante, cuando necesitas procesar emocionalmente antes de seguir con tu día. Técnicas de disociación o cambio de perspectiva pueden ayudarte a obtener distancia psicológica útil.

Límites claros:

Esto funciona cuando:

- Tienes capacidad básica de regulación emocional (no estás en crisis)
- El estado problemático es situacional, no crónico
- Tienes suficiente autoconciencia para notar tu estado
- El contexto te permite tomar el tiempo necesario para regularte

Esto no funciona cuando:

- El problema es un trastorno de ansiedad clínico que requiere tratamiento
- Estás usando técnicas para evitar procesar emociones importantes
- El problema no es tu estado sino la situación objetiva
- Estás tan desregulado que no tienes acceso a pensamiento deliberado

Dominio 3: Mejora de atención y enfoque

Algunas prácticas relacionadas con PNL trabajan con dirección de atención: qué notas, cómo lo interpretas, hacia dónde diriges tu enfoque consciente.

Escenarios apropiados:

Trabajo que requiere concentración sostenida pero tiendes a distraerte. Prácticas que entrenan tu capacidad de notar cuando tu atención divaga y redirigirla pueden ser útiles.

Situaciones donde tiendes a enfocarte selectivamente en información negativa o amenazante. Técnicas que amplían tu campo de atención para incluir también información positiva o neutra pueden corregir ese sesgo.

Contextos de aprendizaje donde necesitas notar patrones específicos que normalmente no atiendes. Direcciones explícitas de atención pueden acelerar el reconocimiento de esos patrones.

Límites claros:

Esto funciona cuando:

- El problema es dónde pones atención, no capacidad total de atención
- Tienes suficiente reserva cognitiva para metacognición
- La tarea permite cierto grado de control consciente
- No hay factores externos que constantemente interrumpen (ruido, urgencias, etc.)

Esto no funciona cuando:

- El problema es agotamiento cognitivo que requiere descanso
- Hay TDAH u otros problemas de atención que requieren intervención especializada

- El entorno es objetivamente problemático (sobrecarga de interrupciones)
- La tarea es tan compleja que consume toda tu capacidad atencional

Dominio 4: Cambio de perspectiva y reencuadre cognitivo

Algunas técnicas de PNL trabajan con cómo interpretas situaciones, invitándote a considerar perspectivas alternativas o significados alternativos.

Escenarios apropiados:

Estás atascado en una interpretación rígida de una situación que te genera malestar innecesario. Un reencuadre puede revelar una interpretación alternativa que es igualmente válida pero menos problemática.

Necesitas entender la perspectiva de alguien más para negociar o colaborar efectivamente. Ejercicios de cambio de posición perceptual pueden ayudarte a modelar su punto de vista.

Enfrentas un problema complejo que has estado viendo de una sola manera. Técnicas que te obligan a examinarlo desde múltiples ángulos pueden desbloquear soluciones.

Límites claros:

Esto funciona cuando:

- Tu interpretación inicial es genuinamente una entre varias posibles
- El reencuadre no requiere negar hechos objetivos
- La situación tiene genuina ambigüedad interpretativa
- El objetivo es comprensión o flexibilidad cognitiva, no evitación emocional

Esto no funciona cuando:

- La situación es objetivamente problemática y el reencuadre es negación
- Estás usando perspectiva alternativa para evitar acción necesaria
- El problema no es interpretación sino hechos (abuso, injusticia, daño real)
- La persona no está lista psicológicamente para considerar otras perspectivas

Factores contextuales que influyen en efectividad

Más allá de los dominios específicos, hay factores contextuales que aumentan o reducen la probabilidad de que técnicas de PNL sean útiles:

Factores que aumentan utilidad:

- **Relación de confianza.** Técnicas de influencia comunicativa funcionan mejor cuando hay confianza básica.
- **Apertura a experimentar.** Las personas que están dispuestas a probar sin garantías tienden a obtener más valor.
- **Autoconciencia desarrollada.** Notar patrones propios facilita el uso de técnicas de autorregulación.
- **Contexto que permite reflexión.** Muchas técnicas requieren tiempo y espacio mental que no siempre está disponible.

Factores que reducen utilidad:

- **Desconfianza o resistencia.** Si alguien siente que está siendo manipulado, cualquier técnica será contraproducente.
- **Crisis aguda.** En situaciones de crisis, las personas necesitan estabilización, no técnicas sofisticadas.
- **Complejidad extrema.** Algunos problemas son tan multifactoriales que una herramienta comunicativa es insuficiente.
- **Restricciones estructurales fuertes.** Si el problema es político, económico o logístico, técnicas mentales son irrelevantes.

CUÁNDO LA PNL NO FUNCIONA (Y POR QUÉ)

Es tan importante saber cuándo no usar una herramienta como saber cuándo usarla. Veamos las categorías de situaciones donde la PNL es inefectiva, inapropiada o potencialmente dañina.

Problemas estructurales y sistémicos

La PNL trabaja con experiencia subjetiva, comunicación y estados internos. No trabaja con estructuras objetivas externas.

Ejemplos claros de inefectividad:

Un equipo que "no colabora" porque los incentivos organizacionales recompensan competencia interna. No es un problema de comunicación. Es un problema de diseño organizacional.

Un empleado que "no rinde" porque está sobrecargado con trabajo de tres personas después de recortes de personal. No es un problema de motivación o eficiencia personal. Es un problema de carga de trabajo.

Una empresa que "no innova" porque la estructura jerárquica penaliza cualquier propuesta que desafíe el status quo. No es un problema de mentalidad. Es un problema de cultura y poder.

Un proyecto que "no avanza" porque no hay presupuesto, tiempo realista, o personas con las habilidades necesarias. No es un problema de liderazgo o comunicación. Es un problema de recursos.

En todos estos casos, aplicar técnicas de PNL es, en el mejor de los casos, inútil. En el peor, es dañino porque localiza el problema en la mentalidad de las personas en lugar de en las estructuras que necesitan cambiar.

Por qué esto importa éticamente:

Cuando usas técnicas de cambio personal en problemas estructurales, implícitamente estás diciendo que el problema es la persona. Esto no solo es incorrecto; también puede ser opresivo. Si un empleado está sobrecargado y tú le enseñas "técnicas de gestión de estrés" en lugar de redistribuir la carga, estás transfiriendo responsabilidad incorrectamente.

Condiciones de salud mental que requieren tratamiento profesional

Este es uno de los límites más importantes y más frecuentemente violados.

Condiciones que están fuera del alcance de PNL:

- Depresión clínica
- Trastornos de ansiedad (ansiedad generalizada, pánico, social, etc.)
- Trastorno de estrés postraumático (TEPT)
- Trastornos de personalidad
- Trastorno obsesivo-compulsivo
- Trastorno bipolar
- Cualquier condición que afecte significativamente el funcionamiento diario

Estas condiciones requieren evaluación diagnóstica por profesionales de salud mental licenciados y, frecuentemente, tratamiento que puede incluir psicoterapia especializada, medicación, o ambas.

Por qué usar PNL aquí es inapropiado:

No es una cuestión de que "no funcione." Es que estás trabajando fuera de tu competencia profesional, lo cual puede tener consecuencias serias:

- Retrasar tratamiento adecuado
- Empeorar la condición
- Generar falsa esperanza que lleva a desilusión profunda
- Causar daño iatrogénico (daño causado por la intervención misma)

Señales de que necesitas derivar:

Si alguien describe:

- Síntomas que interfieren significativamente con trabajo, relaciones o funcionamiento diario
- Pensamientos suicidas o de autolesión
- Cambios marcados en apetito, sueño o energía
- Trauma reciente o no resuelto

- Patrones relacionales consistentemente destructivos
- Uso problemático de sustancias

Tu responsabilidad profesional es derivar a un terapeuta o psicólogo licenciado, no intentar "ayudar" con técnicas de PNL.

Déficits de habilidad que requieren entrenamiento técnico

Algunas veces el problema no es mentalidad, estado o comunicación. Es simplemente que la persona no sabe hacer algo.

Ejemplos:
Un gerente que "tiene problemas delegando" porque nunca le enseñaron cómo estructurar delegación efectiva. No necesita trabajar en su "miedo a perder control." Necesita aprender los pasos concretos de delegación.

Un vendedor que "no cierra ventas" porque no conoce su producto lo suficientemente bien para responder preguntas técnicas. No necesita "más confianza." Necesita más conocimiento de producto.

Un profesional que "no es productivo" porque no sabe usar las herramientas de software que su trabajo requiere. No necesita "optimizar su mentalidad." Necesita capacitación técnica.

En estos casos, trabajar en el estado interno o la comunicación antes de desarrollar la habilidad básica es poner el carro delante del caballo.

Situaciones donde la persona simplemente no quiere cambiar

Este es un límite que a menudo se niega en círculos de PNL, pero es real e importante.

No todas las personas quieren cambiar en las formas que otros quieren que cambien. Y eso es legítimo.

Ejemplos:
Un empleado que "resiste" adoptar nuevas formas de trabajo porque genuinamente prefiere las antiguas y está dispuesto a aceptar las consecuencias de no adaptarse.

Un cliente que "no avanza" hacia sus objetivos declarados porque, después de reflexionar, decide que esos objetivos no son realmente importantes para él.

Un colaborador que "no es un jugador de equipo" porque conscientemente prioriza autonomía sobre colaboración intensiva.

En estos casos, aplicar técnicas de influencia o cambio no es solo inefectivo; es éticamente cuestionable. Estás intentando mover a alguien hacia algo que no genuinamente quiere.

La distinción importante:
Esto es diferente de resistencia basada en miedo, falta de información, o

malentendido. Esas son situaciones donde facilitar puede ser útil. Pero cuando alguien, después de reflexión genuina, simplemente no quiere lo que tú crees que debería querer, tu trabajo no es cambiar su mente. Es respetar su autonomía.

Cuando el problema es falta de información, no de interpretación

Algunas veces el problema es simplemente que la persona no sabe algo que necesita saber.

Un cliente que está indeciso sobre una estrategia no porque tenga "bloqueos" o "creencias limitantes," sino porque no tiene suficiente información para evaluar las opciones.

Un equipo que no puede tomar una decisión porque los datos relevantes no están disponibles o son ambiguos.

En estos casos, lo que se necesita es investigación, análisis o consulta con expertos. Técnicas de clarificación mental no sustituyen información real.

Normalizar el límite como competencia, no como fracaso

Es crucial entender esto: reconocer que una herramienta no es apropiada para una situación no es fracaso. Es competencia profesional.

Los mejores profesionales en cualquier campo saben cuándo no usar sus herramientas favoritas. Los mejores cirujanos saben cuándo no operar. Los mejores abogados saben cuándo no litigar. Los mejores consultores saben cuándo decir "esto está fuera de mi área de experticia."

Esa capacidad de discernimiento es señal de madurez profesional, no de debilidad.

APLICACIÓN PRÁCTICA RESPONSABLE

Entonces, ¿cómo desarrollas la capacidad de tomar buenas decisiones sobre cuándo considerar herramientas de PNL y cuándo no?

Marco de decisión: Cinco preguntas críticas

Antes de decidir usar técnicas de PNL en una situación profesional, hazte estas cinco preguntas en orden:

Pregunta 1: ¿Cuál es el problema real?

No el síntoma. No cómo se siente. El problema subyacente.

Si alguien dice "no tengo confianza," profundiza: ¿Confianza para hacer qué específicamente? ¿En qué contextos? ¿Qué ocurre cuando intentas hacerlo?

A veces descubrirás que el problema no es confianza sino falta de habilidad, información, o claridad sobre expectativas. Otras veces descubrirás que sí es un problema de autorregulación emocional donde técnicas de PNL pueden ser útiles.

Pregunta 2: ¿Es este problema algo que técnicas comunicativas o de autorregulación pueden afectar?

Revisa los dominios de aplicabilidad. ¿El problema es comunicación, estado interno, atención, o perspectiva? Si no, probablemente necesitas una herramienta diferente.

Si el problema es presupuesto, tiempo, habilidad técnica, estructura organizacional, salud mental clínica, o simplemente que la persona no quiere lo que se espera de ella, las técnicas de PNL no son la respuesta.

Pregunta 3: ¿La persona (yo incluido) está en condiciones de usar estas herramientas?

¿Hay apertura? ¿Hay suficiente estabilidad emocional? ¿Hay contexto apropiado? ¿Hay confianza básica?

Si la respuesta a cualquiera de estas es no, el timing no es correcto, incluso si la herramienta eventualmente pudiera ser útil.

Pregunta 4: ¿Qué podría salir mal?

Anticipa riesgos:

- ¿Podría esto retrasar acción necesaria?
- ¿Podría localizar incorrectamente responsabilidad?
- ¿Podría dañar confianza si se percibe como manipulación?
- ¿Podría empeorar la situación si no funciona?

Si los riesgos parecen altos relativos al beneficio potencial, reconsider.

Pregunta 5: ¿Qué más necesito considerar o hacer simultáneamente?

Rara vez las técnicas de PNL son suficientes por sí solas. ¿Qué más necesita ocurrir?

Tal vez la persona necesita información adicional. O tiempo para procesar. O cambios estructurales paralelos. O simplemente permiso para no cambiar.

Aplicación a escenarios profesionales realistas

Veamos cómo este marco se aplicaría en situaciones concretas:

Escenario 1: Empleado con bajo rendimiento

Situación: Un empleado que históricamente ha sido competente muestra caída en rendimiento en las últimas semanas.

Aplicando el marco:

Pregunta 1: ¿Cuál es el problema real? Necesitas investigar antes de asumir. Podría ser sobrecarga, problema personal, falta de claridad sobre prioridades, problema de salud, desenganche porque busca otro empleo, etc.

Pregunta 2: ¿Técnicas de PNL son relevantes? Depende de lo que encuentres. Si es autorregulación bajo estrés, tal vez. Si es cualquiera de los otros factores, no.

Pregunta 3: ¿Condiciones apropiadas? Solo si hay confianza en la relación y el empleado está abierto a conversar sobre ello.

Pregunta 4: ¿Riesgos? Si asumes que es un problema "mental" cuando es estructural, puedes dañar la relación y perder credibilidad.

Pregunta 5: ¿Qué más? Probablemente necesitas primero una conversación honesta de exploración, no una intervención técnica.

Decisión: Probablemente no aplicar PNL inicialmente. Primero diagnosticar bien.

Escenario 2: Preparación para negociación de alto riesgo

Situación: Tienes una negociación crítica mañana y notas que tu patrón histórico es ponerte ansioso, lo cual afecta tu pensamiento estratégico.

Aplicando el marco:

Pregunta 1: ¿Problema real? Ansiedad anticipatoria que interfiere con acceso a tus capacidades cognitivas completas.

Pregunta 2: ¿PNL relevante? Sí, esto es autorregulación de estado, uno de los dominios apropiados.

Pregunta 3: ¿Condiciones apropiadas? Sí, tienes tiempo, autoconciencia, y motivación.

Pregunta 4: ¿Riesgos? Bajo. En el peor caso, no funciona y usas otras estrategias de regulación.

Pregunta 5: ¿Qué más? Asegurarte de que también estás preparado estratégicamente (información, opciones, límites).

Decisión: Usar técnicas de autorregulación (anclaje, respiración, visualización) es apropiado aquí, como parte de preparación más amplia.

Escenario 3: Conflicto de equipo persistente

Situación: Dos miembros de tu equipo tienen conflicto continuo que afecta colaboración.

Aplicando el marco:

Pregunta 1: ¿Problema real? Necesitas investigar. ¿Es diferencia de estilos de trabajo? ¿Competencia por recursos? ¿Malentendido? ¿Diferencia de valores? ¿Historia personal complicada?

Pregunta 2: ¿PNL relevante? Depende. Si es malentendido o diferencia de mapas, tal vez. Si es conflicto de intereses estructural o personalidades genuinamente incompatibles, no.

Pregunta 3: ¿Condiciones apropiadas? Solo si ambas partes están dispuestas a trabajar en ello. Si una o ambas están en posición de "ya decidí sobre esta persona," técnicas comunicativas no ayudarán.

Pregunta 4: ¿Riesgos? Si fuerzas una "solución comunicativa" a un problema que requiere intervención estructural (separar sus trabajos, cambiar reporting, etc.), empeorarás la situación.

Pregunta 5: ¿Qué más? Probablemente necesitas entender las dinámicas de poder, los incentivos, la historia. Y estar preparado para soluciones estructurales.

Decisión: Tal vez usar técnicas de PNL como parte de exploración facilitada, pero no como solución completa.

La regla de oro: Cuando dudes, no uses

Si después de aplicar el marco tienes dudas significativas sobre si una técnica de PNL es apropiada, la respuesta por defecto debería ser no usarla.

No porque sea peligrosa. Porque si no estás razonablemente seguro de que es apropiada, probablemente hay un diagnóstico más fundamental que necesitas hacer primero.

Puedes siempre volver a considerar técnicas de PNL después de entender mejor la situación. Pero una vez que has aplicado una técnica inapropiada, has consumido credibilidad y confianza que son difíciles de recuperar.

PRÁCTICA DE LA HABILIDAD (GIMNASIO MENTAL)

Estos ejercicios están diseñados para desarrollar tu capacidad de discernimiento sobre cuándo las herramientas son apropiadas y cuándo no.

Ejercicio 1: Análisis retrospectivo de fallos

Piensa en una situación reciente donde intentaste mejorar algo (en ti o en otros) y no funcionó.

Analiza usando el marco de cinco preguntas:

1. ¿Diagnostiqué bien el problema real o me quedé en el síntoma?
2. ¿La herramienta que usé era apropiada para el problema diagnosticado?
3. ¿Había condiciones apropiadas o forcé el timing?
4. ¿Qué riesgos no anticipé?
5. ¿Qué otros factores ignoré?

El objetivo no es castigarte. Es aprender a reconocer patrones en cómo diagnosticas y eliges herramientas.

Qué estás entrenando: La capacidad de analizar tus propias decisiones profesionales con honestidad y aprender de errores sin defensividad.

Ejercicio 2: Clasificación de problemas

Durante las próximas semanas, cuando encuentres un problema (tuyo o de otros), practica clasificarlo:

- ¿Es problema de habilidad (falta conocimiento o capacidad técnica)?
- ¿Es problema estructural (incentivos, recursos, diseño organizacional)?
- ¿Es problema de comunicación (malentendido, diferencia de mapas)?
- ¿Es problema de estado (regulación emocional, gestión de atención)?
- ¿Es problema de salud mental (requiere profesional)?
- ¿Es problema de voluntad (la persona simplemente no quiere)?

No necesitas resolverlo. Solo practica clasificarlo correctamente.

Qué estás entrenando: La capacidad de diagnóstico diferencial, que es fundamental para elegir cualquier intervención apropiada.

Ejercicio 3: Observación de aplicaciones inapropiadas

Cuando veas a otros (en tu organización, en redes sociales, en formaciones) usar técnicas de cambio personal para problemas estructurales, o técnicas comunicativas para problemas que requieren otra cosa, toma nota mentalmente.

Pregúntate: ¿Por qué esa aplicación es inapropiada? ¿Qué consecuencias podría tener? ¿Qué sería más apropiado?

No necesitas decir nada. Solo observa y analiza.

Qué estás entrenando: La capacidad de reconocer uso inapropiado de herramientas en tiempo real, lo cual te ayuda a evitar los mismos errores.

CONCLUSIÓN PROFESIONAL DEL CAPÍTULO

La competencia profesional no se mide por cuántas herramientas conoces. Se mide por qué tan bien eliges cuándo usarlas y cuándo no.

Las técnicas de PNL tienen dominios legítimos de aplicabilidad: comunicación interpersonal, autorregulación de estados, gestión de atención, cambio de perspectiva. En esos dominios, cuando las condiciones son apropiadas y el problema está bien diagnosticado, pueden ser genuinamente útiles.

Fuera de esos dominios, son inefectivas en el mejor de los casos, y contraproducentes o dañinas en el peor.

La tentación de aplicar herramientas universalmente es comprensible. Es más simple. Es más reconfortante. Justifica inversión. Pero ceder a esa tentación erosiona tu efectividad profesional y tu credibilidad.

El principio de realidad es este: las herramientas son situacionales. El contexto importa. Las personas son diferentes. Los problemas tienen estructuras diferentes. Tu trabajo no es aplicar técnicas. Es diagnosticar bien, elegir apropiadamente, y reconocer tus límites.

Saber cuándo no usar PNL es tan importante como saber cómo usarla. De hecho, es más importante. Porque el costo de uso inapropiado es mucho mayor que el costo de no usarla cuando podría haber sido útil.

Esta capacidad de discernimiento no se desarrolla leyendo. Se desarrolla mediante práctica reflexiva: intentando, observando resultados, analizando qué funcionó y qué no, ajustando tu modelo mental de cuándo las cosas funcionan.

Cometerás errores. Aplicarás técnicas que resultan inapropiadas. Dejarás de aplicar técnicas que habrían sido útiles. Eso es inevitable. Lo importante es aprender de esos errores en lugar de racionalizarlos.

El objetivo final no es ser un experto en PNL. Es ser un profesional competente que tiene PNL (junto con muchas otras herramientas) en su repertorio, y el juicio para saber cuándo cada herramienta es apropiada.

Ese juicio es lo que distingue a un practicante competente de alguien que simplemente ha memorizado técnicas. Y es exactamente lo que los próximos capítulos te ayudarán a desarrollar, al examinar herramientas específicas junto con sus contextos apropiados de uso.

La claridad sobre límites no es restricción. Es liberación. Porque solo cuando sabes qué no intentar hacer, puedes enfocarte en hacer bien lo que sí es posible.

CAPÍTULO 4
ÉTICA EN LA PNL: INFLUENCIA VS. MANIPULACIÓN

Una gerente de ventas asistió a un seminario avanzado de PNL donde aprendió técnicas para "superar objeciones" y "crear urgencia."

Regresó entusiasmada. Las técnicas funcionaban: sus números mejoraron significativamente en las siguientes semanas. Pero también comenzó a notar algo incómodo.

Un cliente firmó un contrato durante una conversación donde ella había usado deliberadamente patrones de lenguaje para reducir su pensamiento crítico. Días después, el cliente llamó con dudas. "Creo que me apuré," dijo. "No estoy seguro de que esto sea realmente lo que necesitamos." La gerente sintió una punzada de malestar, pero la racionalizó: "El producto es bueno. Eventualmente se dará cuenta de que fue la decisión correcta."

Tres meses después, el cliente canceló el contrato. Y no solo eso: dejó una reseña negativa mencionando que se había sentido "presionado" durante el proceso de venta. La gerente no podía entender por qué. Ella nunca había mentido. Nunca había sido agresiva. Simplemente había usado técnicas de comunicación efectivas.

¿Qué había salido mal?

En otro contexto, un líder de equipo usó técnicas de reencuadre para "motivar" a su equipo a aceptar un cambio organizacional que, objetivamente, significaba más trabajo sin compensación adicional. El reencuadre fue técnicamente brillante: presentó el cambio como "oportunidad de crecimiento," enfatizó los aspectos positivos, y minimizó las desventajas legítimas. El equipo aceptó.

Seis meses después, tres de sus mejores colaboradores renunciaron. En las conversaciones de salida, todos mencionaron sentirse "manipulados" durante la transición. El líder estaba genuinamente sorprendido. Su intención había sido buena: ayudar al equipo a adaptarse a un cambio inevitable. ¿No era eso liderazgo efectivo?

Estos escenarios ilustran una tensión fundamental que enfrentan los profesionales que desarrollan habilidades de influencia: la línea entre influir éticamente y manipular puede ser sorprendentemente fina, y es más fácil cruzarla de lo que te gustaría admitir.

A menudo, el cruce no se siente como una transgresión ética dramática. Se siente como pragmatismo. Como eficiencia. Como hacer lo que se necesita hacer. Y casi siempre, se justifica con buenas intenciones: "Lo hago por su propio bien." "El resultado es lo que importa." "Esto es simplemente buena comunicación."

Pero las buenas intenciones no absuelven el impacto ético. Y la efectividad técnica no justifica los medios.

Este capítulo no es un sermón moral. Es un análisis profesional de por qué la distinción entre influencia y manipulación importa, dónde está la línea, cómo reconocer cuándo la estás cruzando, y por qué mantenerte del lado ético no solo es correcto, sino estratégicamente más efectivo a largo plazo.

LA FALSA PROMESA (EL MITO DE LA INFLUENCIA NEUTRAL)

Una de las racionalizaciones más comunes en campos como la PNL es la idea de que la influencia es neutral. "Es solo comunicación." "Todos influimos todo el tiempo." "La herramienta no es buena ni mala; depende de cómo la uses."

Hay algo de verdad en estas afirmaciones, pero también una peligrosa evasión de responsabilidad.

"La influencia es neutral"

Técnicamente, es cierto que la influencia es inevitable en toda interacción humana. Cada palabra que eliges, cada gesto, cada silencio, tiene efecto en cómo la otra persona piensa y siente. En ese sentido limitado, la influencia es ubicua y neutral.

Pero cuando hablamos de técnicas deliberadas de influencia —especialmente aquellas diseñadas para evadir el pensamiento crítico, crear estados emocionales específicos, o estructurar la información de manera que favorezca un resultado particular— estamos hablando de algo cualitativamente diferente de la influencia cotidiana accidental.

Un martillo es neutral. Pero alguien que lo usa deliberadamente para golpear a otra persona no puede escudarse en "el martillo es neutral." La intencionalidad importa. El contexto importa. El impacto importa.

Cuando usas técnicas de PNL con la intención específica de cambiar cómo alguien piensa, siente o se comporta, no estás siendo neutral. Estás siendo estratégico. Y eso requiere responsabilidad ética que va más allá de "es solo comunicación."

"Todos lo hacen"

Esta es otra forma común de evasión. Si todos influyen, si todos usan algún grado de persuasión en contextos profesionales, ¿por qué debería yo limitar mis herramientas?

La respuesta es que la prevalencia de un comportamiento no determina su ética. El hecho de que muchas personas manipulen no hace que la manipulación sea aceptable.

Además, hay una diferencia cualitativa entre:

- **Comunicación estratégica:** Elegir tus palabras cuidadosamente para ser claro y convincente, preservando la capacidad de la otra persona de evaluar críticamente lo que dices.

- **Influencia técnica:** Usar patrones específicos diseñados para reducir pensamiento crítico, crear estados emocionales que favorezcan tu objetivo, u obscurecer información relevante.

No todas las formas de influencia son éticamente equivalentes. Pretender que lo son es una forma de evitar el trabajo difícil de distinguir.

"Depende de cómo lo uses"

Este es el argumento más sofisticado, y el más peligroso, porque contiene verdad pero también permite racionalización infinita.

Sí, las técnicas en sí mismas son herramientas. Sí, pueden usarse con integridad o sin ella. Pero eso no significa que el usuario esté libre de escrutinio ético.

El problema con "depende de cómo lo uses" es que permite que cada persona sea su propio juez de ética. "Yo lo uso bien." "Mis intenciones son buenas." "El resultado justifica los medios."

Pero la ética no funciona así. No es suficiente que tú creas que estás actuando éticamente. La otra persona también tiene una perspectiva. El impacto tiene una realidad independiente de tu intención.

Si alguien se siente manipulado, decir "pero yo tenía buenas intenciones" no repara el daño. Y si tu uso de técnicas erosiona la confianza o viola la autonomía, el hecho de que "todos lo hacen" no te exime de las consecuencias.

Por qué esta creencia es comfortante pero peligrosa

La narrativa de la neutralidad es atractiva porque:

Reduce disonancia cognitiva. Si la herramienta es neutral y todos la usan, no necesitas cuestionar tus propias acciones. Puedes usar técnicas poderosas sin el peso psicológico de preguntarte si estás haciendo algo problemático.

Preserva identidad positiva. "Soy una buena persona que usa herramientas neutrales" es más fácil de sostener que "soy alguien que a veces influye en otros de maneras que podrían no ser completamente éticas."

Evita trabajo ético difícil. Distinguir influencia de manipulación, evaluar impacto versus intención, reconocer dinámicas de poder —todo esto requiere esfuerzo mental y emocional. La neutralidad te libera de ese trabajo.

Pero la comodidad psicológica tiene un costo: te hace menos capaz de reconocer cuándo estás cruzando líneas éticas, lo cual eventualmente erosiona tu efectividad profesional y tu credibilidad.

Tu incomodidad es información valiosa

Si alguna vez has sentido ese destello de malestar después de una interacción donde influiste en alguien —esa sensación de "hice lo que necesitaba hacer, pero no me siento completamente bien al respecto"— no lo ignores.

Esa incomodidad no es debilidad. No es ingenuidad. Es tu brújula ética funcionando. Es la señal de que tal vez cruzaste una línea, o te acercaste peligrosamente a ella.

Los profesionales menos efectivos ignoran esa señal o la racionalizan. Los profesionales más maduros la atienden, la examinan, y la usan para calibrar su comportamiento futuro.

LA DISTINCIÓN CLAVE: INFLUENCIA VS. MANIPULACIÓN

Entonces, ¿dónde está la línea? ¿Cómo distingues influencia ética de manipulación?

No hay una fórmula perfecta, pero hay principios claros que pueden guiarte.

Influencia ética: expandir la capacidad de elegir

La influencia ética tiene estas características:

1. Amplía la claridad, no la obscurece

Cuando influyes éticamente, tu objetivo es ayudar a la otra persona a ver la situación con mayor claridad, no con menor. Proporcionas información relevante. Aclaras malentendidos. Ayudas a la persona a articular lo que realmente quiere.

Ejemplo: Un consultor explica las implicaciones de dos estrategias diferentes, incluyendo ventajas y desventajas de cada una, y ayuda al cliente a evaluar cuál se alinea mejor con sus valores y objetivos.

2. Preserva y respeta la autonomía

Reconoces que la otra persona tiene derecho a llegar a conclusiones diferentes de las tuyas. Tu influencia no busca eliminar su capacidad de elegir, sino informarla.

Ejemplo: Un líder explica por qué cree que una nueva dirección es correcta, escucha objeciones genuinamente, y está dispuesto a ajustar o incluso cambiar de opinión si los argumentos son convincentes.

3. Es transparente sobre intenciones

La otra persona puede razonablemente inferir qué estás intentando lograr. No ocultas tu objetivo ni tu motivación.

Ejemplo: Un vendedor es claro sobre que quiere cerrar la venta, pero también es honesto sobre si el producto es adecuado para las necesidades específicas del cliente.

4. Invita al pensamiento crítico, no lo evita

Das espacio para que la persona cuestione, pida tiempo, consulte con otros, o simplemente diga no. No estructura la interacción para hacer difícil el disenso.

Ejemplo: Un coach pregunta "¿esto tiene sentido para ti?" genuinamente, no retóricamente, y ajusta su enfoque si la respuesta es no.

5. El beneficio es mutuo o al menos no es a costa del otro

Tu ganancia, si la hay, no viene de que la otra persona pierda o acepte algo contrario a sus intereses.

Ejemplo: En una negociación, buscas un resultado donde ambas partes ganen, o al menos donde ambas hagan concesiones razonables y conscientes.

Manipulación: restringir la capacidad de elegir

La manipulación tiene estas características:

1. Obscurece información relevante

Deliberadamente omites, distorsionas o entierras información que, si la otra persona la tuviera, cambiaría su decisión.

Ejemplo: Un vendedor enfatiza beneficios pero minimiza u omite costos significativos, riesgos conocidos, o alternativas mejores que existen.

2. Viola o erosiona autonomía

Estructuras la situación de manera que la persona sienta que no tiene opción real, o reduces deliberadamente su capacidad de pensar críticamente.

Ejemplo: Un gerente usa presión de tiempo artificial ("necesito tu decisión ahora") para evitar que el empleado reflexione o consulte.

3. Oculta intenciones

La otra persona no puede razonablemente inferir qué estás intentando lograr o por qué. Hay una agenda oculta.

Ejemplo: Un colega te hace preguntas que parecen de interés genuino pero realmente está recopilando información para usarla políticamente en tu contra.

4. Evita o penaliza el pensamiento crítico

Estructuras la interacción para hacer difícil que la persona cuestione, pida tiempo, o diga no. Usas presión social, emocional o jerárquica.

Ejemplo: Un líder presenta una decisión como "todos estamos de acuerdo, ¿verdad?" en un contexto donde disentir tiene costo social o profesional.

5. Tu beneficio viene a costa del otro

Ganas porque la otra persona acepta algo contrario a sus intereses, o porque no tiene la información completa para protegerse.

Ejemplo: Convences a alguien de tomar un proyecto que sabes consumirá su tiempo sin beneficio para su carrera, pero te beneficia a ti.

La zona gris y el papel de la intención vs. impacto

La realidad profesional es que no todas las situaciones son blanco o negro. Hay zona gris donde la distinción no es completamente clara.

Aquí está la clave: **tu intención no determina la ética de tu acción. El impacto sí.**

Puedes tener la intención más pura del mundo, pero si tu comportamiento viola la autonomía del otro, oculta información relevante, o beneficia a ti a costa del otro, es manipulación —incluso si tu intención era "ayudar."

Ejemplo común: Un coach usa técnicas de PNL para "ayudar" a un cliente a superar su resistencia a un objetivo que el coach cree que el cliente "realmente" quiere. Pero si el cliente, después de reflexión genuina, no quiere ese objetivo, el coach está manipulando, no ayudando —sin importar cuán buena sea su intención.

Por otro lado, el impacto también requiere contexto. No puedes controlar completamente cómo alguien interpreta tu comportamiento. Algunas personas se sienten manipuladas por cualquier forma de persuasión, incluso la más transparente y respetuosa.

La pregunta útil no es "¿esta persona podría sentirse manipulada?" sino "¿una persona razonable, con información completa, vería esto como violación de autonomía o como comunicación legítima?"

Las dinámicas de poder importan

La ética de la influencia no puede separarse del contexto de poder.

Lo que es aceptable entre pares puede no serlo en una relación jerárquica. Lo que es legítimo en un contexto de negociación entre iguales puede ser manipulativo cuando hay dependencia económica, emocional o social.

Ejemplos:

Entre colegas pares: Usar persuasión para convencer a un colega de apoyar tu propuesta en una reunión es influencia legítima, siempre que seas transparente y respetuoso.

De jefe a empleado: Usar las mismas técnicas persuasivas puede ser manipulativo porque el empleado tiene menos libertad real de disentir sin consecuencias.

De terapeuta a paciente: Usar técnicas de influencia profunda es potencialmente abusivo porque la relación terapéutica implica vulnerabilidad y confianza asimétrica.

De vendedor a cliente vulnerable: Usar técnicas agresivas con alguien que claramente tiene dificultad evaluando opciones (edad avanzada, crisis emocional, falta de información) es explotación.

Cuanto mayor es el desequilibrio de poder, mayor es tu responsabilidad ética de no usar tu posición o tus habilidades para reducir la autonomía del otro.

LÍMITES Y RIESGOS (CUANDO LA TÉCNICA CORROMPE EL JUICIO)

La mayoría de las personas que terminan manipulando no comenzaron con esa intención. Es un proceso gradual de pequeñas concesiones éticas que eventualmente suman a algo significativo.

El camino resbaladizo: De la técnica al abuso

Etapa 1: Entusiasmo técnico

Aprendes técnicas que funcionan. Son efectivas. Te dan una sensación de competencia y control. Esto es legítimo y positivo.

Etapa 2: Obsesión con resultados

Empiezas a valorar los resultados por encima del proceso. "Logré que dijera sí" se vuelve más importante que "tuvimos una conversación honesta." La métrica de éxito se desplaza sutilmente.

Etapa 3: Pequeñas justificaciones

"Solo esta vez, porque es importante." "El fin justifica los medios en este caso." "De todos modos eventualmente se dará cuenta de que fue la decisión correcta." Cada justificación hace la siguiente más fácil.

Etapa 4: Normalización

Lo que antes te generaba incomodidad ahora es simplemente "cómo se hacen las cosas." Has perdido calibración ética. Ya no notas cuándo cruzas líneas porque las cruzas constantemente.

Etapa 5: Racionalización sistemática

Desarrollas una narrativa completa que protege tu identidad positiva mientras justifica comportamiento manipulativo. "Así es el mundo real." "Si no lo hago yo, alguien más lo hará." "Las personas necesitan ser guiadas porque no saben lo que quieren."

Este camino no es inevitable, pero es común. Y es gradual, lo cual lo hace difícil de detectar en ti mismo.

Señales de advertencia de que estás cruzando líneas

Señal 1: Evitas transparencia

Si no querrías que la otra persona supiera exactamente lo que estás haciendo o por qué, probablemente estás cruzando una línea.

Pregunta de verificación: ¿Estaría dispuesto a explicar mi estrategia comunicativa a esta persona si me lo preguntara directamente?

Señal 2: Racionalizas con "es por su bien"

Cuando justificas influencia con "lo hago por su propio bien," especialmente cuando la persona no lo ve así, estás en terreno peligroso.

Pregunta de verificación: ¿Esta persona, con información completa y tiempo para reflexionar, estaría de acuerdo con que esto es "por su bien"?

Señal 3: Usas presión de tiempo o emoción

Si deliberadamente creas urgencia artificial o estados emocionales elevados para reducir pensamiento crítico, estás manipulando.

Pregunta de verificación: ¿Cambiaría la decisión de esta persona si tuviera tiempo para reflexionar en un estado emocional neutral?

Señal 4: Sientes incomodidad pero la ignoras

Esa punzada de malestar después de una interacción es información. Si la racionalizas sistemáticamente, has apagado tu brújula ética.

Pregunta de verificación: ¿Me sentiría cómodo si esta interacción fuera grabada y revisada por alguien cuya opinión valoro?

Señal 5: Evitas la perspectiva del otro

Si no quieres genuinamente saber cómo la otra persona experimentó la interacción, probablemente es porque sospechas que no te gustará la respuesta.

Pregunta de verificación: ¿Estaría dispuesto a preguntar a esta persona, un mes después, si sintió que respetaron su autonomía en nuestra interacción?

Contextos de vulnerabilidad que aumentan riesgo ético

Hay contextos donde el riesgo de manipulación es particularmente alto, y donde debes ser especialmente cuidadoso:

Contextos terapéuticos o de coaching profundo

Cuando alguien comparte vulnerabilidad emocional significativa contigo, la tentación de "ayudar" agresivamente puede llevarte a violar límites. La persona está en un estado de apertura que puede ser explotado fácilmente, incluso con buenas intenciones.

Contextos de crisis o estrés agudo

Cuando alguien está en crisis, su capacidad de pensamiento crítico está reducida. Usar técnicas de influencia en estos momentos puede ser efectivo precisamente porque la persona no puede defenderse. Eso lo hace éticamente problemático.

Contextos con desequilibrios de poder significativos

Jefe-empleado, profesor-estudiante, experto-novato, proveedor de servicios-cliente dependiente. En todas estas relaciones, la persona con menos poder tiene menos libertad real de decir no o cuestionar.

Contextos donde hay información asimétrica

Si sabes cosas que la otra persona no sabe y que cambiarían su decisión, tienes responsabilidad ética de compartir esa información, no de usarla para tu ventaja.

El problema especial de la competencia técnica

Paradójicamente, cuanto mejor eres técnicamente usando herramientas de influencia, mayor es el riesgo ético.

Cuando eres competente, las técnicas funcionan más consistentemente. Eso genera más tentación de usarlas en situaciones límite. Y como funcionan, recibes refuerzo positivo (resultados) que puede oscurecer feedback ético (cómo se sintió la otra persona).

Además, la competencia técnica puede generar arrogancia: "Sé lo que hago. Mis intenciones son buenas. Por lo tanto, mi uso de estas herramientas es ético." Esta lógica es peligrosa porque confunde competencia técnica con sabiduría ética.

La competencia técnica debe venir acompañada de humildad ética. Mientras mejor seas usando herramientas de influencia, más cuidadoso debes ser sobre cuándo y cómo las usas.

APLICACIÓN PRÁCTICA RESPONSABLE

Entonces, ¿cómo operacionalizas estas distinciones en situaciones profesionales reales?

Marco de decisión ética: Cinco preguntas antes de influir

Antes de usar técnicas deliberadas de influencia, hazte estas preguntas:

Pregunta 1: ¿Tengo información que la otra persona necesita para tomar una decisión informada?

Si sí, ¿estoy compartiéndola completamente, o estoy siendo selectivo de manera que favorece mi objetivo?

Regla: Si omitir información cambiaría la decisión de la persona, omitirla es manipulación, no estrategia comunicativa.

Pregunta 2: ¿Esta persona tiene libertad real de decir no sin consecuencias negativas?

Si la respuesta es no (por poder jerárquico, dependencia económica, o presión social), necesitas ser extremadamente cuidadoso sobre cuánta influencia ejerces.

Regla: Cuanto menor es la libertad de la otra persona, menor debe ser tu uso de técnicas persuasivas.

Pregunta 3: ¿Estoy usando el estado emocional de la persona para reducir su pensamiento crítico?

Si estás deliberadamente creando urgencia, ansiedad, entusiasmo elevado, o cualquier otro estado que sabes reduce la capacidad de evaluación crítica, probablemente estás cruzando una línea.

Regla: El objetivo debe ser claridad, no reducción de capacidad crítica.

Pregunta 4: ¿Estaría cómodo si esta persona supiera exactamente lo que estoy haciendo y por qué?

Si tu respuesta es no, o si necesitas racionalizar por qué es aceptable no ser transparente, eso es una señal de alerta.

Regla: La transparencia sobre intenciones debe ser la norma, no la excepción.

Pregunta 5: ¿El resultado beneficia genuinamente a ambas partes, o principalmente a mí?

Sé honesto. Si tu ganancia viene principalmente de que la otra persona acepte algo contrario a sus intereses, eso es explotación.

Regla: La influencia ética busca beneficio mutuo o, al menos, no perjudica al otro para beneficiarte.

Aplicación a escenarios profesionales concretos

Veamos cómo este marco se aplicaría en situaciones reales:

Escenario 1: Conversación de ventas

Situación: Eres consultor vendiendo un servicio. El cliente es una empresa pequeña con presupuesto limitado.

Opción manipulativa:

- Enfatizas solo beneficios, minimizas costos y riesgos.
- Creas urgencia artificial: "Esta oferta solo es válida hoy."
- Usas testimonios selectivos de clientes en situaciones muy diferentes.
- Evitas mencionar que hay alternativas más baratas que podrían ser suficientes para sus necesidades.

Resultado a corto plazo: Cierras la venta. Resultado a largo plazo: El cliente se siente presionado, descubre que había mejor opciones, cancela eventualmente, y deja reseña negativa. Has ganado una venta pero perdido credibilidad.

Opción ética:

- Explicas beneficios honestamente, incluyes costos y limitaciones.
- Das tiempo: "Tómate el tiempo que necesites para evaluar."
- Mencionas alternativas, incluyendo algunas más baratas, y explicas cuándo cada una es apropiada.
- Si tu servicio no es la mejor opción para ellos, lo dices directamente.

Resultado a corto plazo: Tal vez no cierras esta venta específica. Resultado a largo plazo: Construyes reputación de honestidad. El cliente te refiere a otros. Cuando necesiten un servicio más complejo, regresan contigo porque confían en ti.

Escenario 2: Feedback de rendimiento

Situación: Necesitas dar feedback difícil a un empleado sobre su rendimiento.

Opción manipulativa:

- Usas "sandwich" de feedback (positivo-negativo-positivo) no para ser equilibrado, sino para ocultar la severidad del problema.
- Reencuadras comportamiento problemático de manera que el empleado no entiende realmente qué necesita cambiar.
- Evitas mencionar consecuencias reales porque no quieres "desmotivar."
- Usas lenguaje vago que permite al empleado interpretar que todo está bien cuando no lo está.

Resultado a corto plazo: Evitas una conversación incómoda. Resultado a largo plazo: El empleado no mejora porque no entiende la gravedad. Eventualmente necesitas despedirlo, y se sorprende porque pensaba que estaba haciendo un trabajo aceptable. Has sido "amable" pero deshonesto.

Opción ética:

- Eres claro y directo sobre el problema específico.
- Explicas por qué es problemático y qué consecuencias tiene.
- Das ejemplos concretos, no generalizaciones.
- Ofreces apoyo para mejorar, pero también eres claro sobre que la mejora es necesaria.
- Mencionas las consecuencias reales si no hay cambio.

Resultado a corto plazo: La conversación es incómoda. Resultado a largo plazo: El empleado sabe exactamente dónde está parado y qué necesita hacer. Puede mejorar, o puede decidir buscar otro trabajo que se ajuste mejor. En cualquier caso, has sido honesto y respetuoso.

Escenario 3: Motivación de equipo durante cambio difícil

Situación: Tu empresa está implementando un cambio que objetivamente significa más trabajo para tu equipo sin beneficio claro para ellos.

Opción manipulativa:

- Usas reencuadre para presentar el cambio como "oportunidad" cuando realmente es solo carga adicional.
- Enfatizas posibles beneficios futuros vagos mientras minimizas costos inmediatos concretos.
- Usas presión grupal: "Todos estamos en esto juntos, ¿verdad?"
- Penalizas sutilmente el escepticismo o la queja.

Resultado a corto plazo: El equipo acepta sin resistencia visible. Resultado a largo plazo: Se sienten manipulados. La confianza se erosiona. La gente empieza a buscar otros empleos. Tu credibilidad como líder disminuye.

Opción ética:

- Eres honesto sobre que el cambio es difícil y viene con costos reales.
- Explicas por qué la organización lo está haciendo (razones reales, no marketing interno).
- Reconoces las preocupaciones legítimas sin intentar reencuadrarlas.
- Trabajas con el equipo para minimizar impacto negativo donde sea posible.
- Das espacio para frustración genuina sin penalizarla.

Resultado a corto plazo: Hay resistencia y quejas. Resultado a largo plazo: El equipo respeta tu honestidad. Saben que pueden confiar en que les dirás la verdad, incluso cuando es incómoda. Eso construye lealtad real, no solo compliance.

Cuándo la influencia ética es más efectiva que la manipulación

Hay una ironía poderosa aquí: la influencia ética no solo es moralmente superior, también es estratégicamente más efectiva a largo plazo.

Construye confianza duradera

La manipulación puede funcionar una vez. Raramente funciona dos veces con la misma persona. Una vez que alguien siente que fue manipulado, su confianza en ti se erosiona permanentemente.

La influencia ética construye confianza compuesta. Cada interacción honesta es un depósito en una cuenta de credibilidad que puedes usar en el futuro.

Genera referidos y reputación

Las personas hablan. Si manipulas, eventualmente tu reputación te precede. Si influyes éticamente, también te precede —pero positivamente.

En la era de reseñas públicas y redes profesionales, tu reputación ética es un activo económico real, no solo una consideración moral abstracta.

Reduce carga cognitiva y emocional

Manipular es agotador. Tienes que recordar qué dijiste a quién, mantener narrativas inconsistentes, y gestionar la ansiedad de ser descubierto.

La influencia ética es más simple: dices la verdad, respetas autonomía, y no necesitas recordar qué versión de la historia le contaste a cada persona.

Te permite dormir bien

Esto suena trivial, pero no lo es. La disonancia cognitiva entre cómo te ves a ti mismo ("buena persona," "profesional íntegro") y cómo te comportas tiene costo psicológico real.

Las personas que manipulan sistemáticamente eventualmente se vuelven cínicas, desarrollan mecanismos de racionalización elaborados, o experimentan malestar psicológico significativo.

Operar con integridad ética no solo es correcto; también es más sostenible psicológicamente.

PRÁCTICA DE LA HABILIDAD (GIMNASIO ÉTICO)

Estos ejercicios están diseñados para desarrollar tu sensibilidad ética y tu capacidad de detectar cuándo estás cruzando líneas.

Ejercicio 1: Auditoría ética post-interacción

Después de cualquier interacción profesional donde intentaste influir en alguien (venta, negociación, feedback, persuasión de equipo), tómate cinco minutos para reflexionar usando estas preguntas:

1. ¿Compartí toda la información relevante, o fui selectivo de manera que favorecía mi objetivo?
2. ¿La persona tenía libertad real de decir no sin consecuencias?
3. ¿Usé su estado emocional para reducir su pensamiento crítico?
4. ¿Sería cómodo explicar mi estrategia si me lo preguntaran directamente?
5. ¿El resultado beneficia a ambos, o principalmente a mí a costa del otro?

No te juzgues duramente. Solo observa honestamente. Con el tiempo, esta práctica calibra tu brújula ética y te hace más consciente en tiempo real.

Qué estás entrenando: Metacognición ética —la capacidad de reflexionar honestamente sobre tus propias motivaciones e impacto.

Ejercicio 2: Toma de perspectiva sistemática

Elige una interacción reciente donde influiste en alguien. Ahora, imagina que eres la otra persona en esa interacción.

Desde su perspectiva:

- ¿Qué información tenías disponible?
- ¿Qué opciones sentías que tenías?
- ¿Te sentiste respetado y escuchado, o presionado?
- ¿Después de la interacción, te sentirías bien al respecto o tendrías dudas?

Este ejercicio es incómodo cuando lo haces honestamente, pero es extraordinariamente útil para desarrollar empatía y detectar manipulación que desde tu perspectiva parecía razonable.

Qué estás entrenando: Empatía cognitiva y afectiva —la capacidad de modelar genuinamente la experiencia del otro.

Ejercicio 3: Identificación de pendiente resbaladiza

Piensa en un momento donde justificaste comportamiento que, si fueras completamente honesto, estaba en zona gris ética.

Examina:

- ¿Qué justificación usaste? ("Es por su bien," "Todos lo hacen," "El fin justifica los medios," etc.)
- ¿Cómo llegaste a ese punto? ¿Hubo decisiones previas más pequeñas que facilitaron esta?
- ¿Qué consecuencias tuvo, especialmente las que no esperabas?
- ¿Qué habrías hecho diferente si pudieras repetirlo?

El objetivo no es castigarte. Es reconocer patrones de racionalización en ti mismo para que puedas detectarlos antes la próxima vez.

Qué estás entrenando: Consciencia de tus propios patrones de racionalización ética.

CONCLUSIÓN PROFESIONAL DEL CAPÍTULO

La ética en el uso de herramientas de influencia no es una restricción externa impuesta por consideraciones morales abstractas. Es una competencia profesional que determina tu efectividad a largo plazo.

La distinción entre influencia y manipulación es clara en principio: la influencia expande claridad y preserva autonomía; la manipulación las reduce. Pero en la práctica, la línea puede ser más sutil de lo que te gustaría admitir.

La buena noticia es que esa línea puede aprenderse a reconocer. Requiere:

- **Honestidad brutal contigo mismo** sobre tus motivaciones reales, no las que te gustaría tener.

- **Atención al impacto, no solo a la intención.** Tus buenas intenciones no absuelven impacto negativo.
- **Sensibilidad a dinámicas de poder.** Reconocer cuándo tu posición reduce la libertad real del otro.
- **Disposición a perder a corto plazo** para ganar credibilidad y confianza a largo plazo.
- **Práctica reflexiva sostenida.** La competencia ética se desarrolla con el tiempo, no se logra leyendo un capítulo.

La manipulación puede ser técnicamente efectiva en el corto plazo. Cierra ventas. Consigue compliance. Mueve a las personas en la dirección que quieres. Pero tiene costos ocultos que se acumulan:

- Erosiona confianza, que es difícil de construir y fácil de destruir.
- Daña reputación, que en la era de transparencia digital es un activo económico real.
- Genera carga cognitiva y emocional por la disonancia entre identidad y comportamiento.
- Te hace menos efectivo con el tiempo porque las personas aprenden a desconfiar de ti.

La influencia ética, por otro lado, puede ser menos efectiva en cualquier interacción individual, pero construye capital que se compone: cada interacción honesta es un depósito en tu reputación, cada respeto de autonomía es una inversión en confianza futura.

Los profesionales más efectivos a largo plazo no son los que tienen las técnicas de persuasión más sofisticadas. Son los que han desarrollado la sabiduría de saber cuándo usar esas técnicas, cuándo no usarlas, y cómo usarlas de manera que respeten la humanidad de las personas con quienes interactúan.

Esa sabiduría no te hace menos efectivo. Te hace más efectivo de las maneras que importan: construyes relaciones que duran, reputación que te precede positivamente, y la capacidad de mirarte al espejo sin necesitar elaboradas racionalizaciones.

La ética no es un lujo para profesionales idealistas. Es la base de efectividad sostenible.

Las técnicas que aprenderás en los capítulos siguientes son herramientas poderosas. Como todas las herramientas poderosas, pueden usarse para construir o para dañar. Tu responsabilidad profesional es desarrollar no solo la habilidad técnica de usarlas, sino también el juicio ético para usarlas bien.

Ese juicio es lo que distingue a un técnico competente de un profesional maduro. Y es exactamente lo que necesitas para usar PNL de manera que amplíe tu efectividad en lugar de erosionarla.

CAPÍTULO 5
ESCUCHA ACTIVA 2.0: DECODIFICANDO EL MAPA MENTAL DE TU INTERLOCUTOR

En una reunión de planificación estratégica, el director de operaciones presentaba un problema que llevaba meses sin resolverse. Habló durante quince minutos sobre "eficiencia," "procesos," y "optimización." El equipo ejecutivo asentía. Todos parecían entender.

Pero cuando llegó el momento de decidir, quedó claro que cada persona había interpretado algo completamente diferente. Para el CFO, "eficiencia" significaba reducción de costos. Para el director de TI, significaba automatización. Para el gerente de RRHH, significaba redistribución de personal. El director de operaciones, frustrado, dijo: "Eso no es lo que dije."

El problema no era que nadie estuviera escuchando. Todos escuchaban. El problema era que cada persona estaba filtrando lo que oía a través de su propio marco de referencia, sus propias prioridades, su propia comprensión de lo que "eficiencia" significaba. Y nadie había hecho una sola pregunta de clarificación.

Este patrón se repite constantemente en contextos profesionales. Conversaciones donde las personas "hablan pasado" una a otra. Negociaciones donde ambas partes creen que están de acuerdo pero en realidad han acordado cosas diferentes. Conflictos que persisten no porque las personas sean irracionales, sino porque están operando con mapas diferentes de la misma situación.

En otro caso, un consultor pasó semanas diseñando una solución para un cliente que había dicho claramente "necesitamos algo simple y rápido de implementar." El consultor presentó su propuesta: compleja, técnicamente brillante, que requería seis meses de implementación. El cliente la rechazó inmediatamente.

El consultor estaba confundido. "Pero es exactamente lo que pidió.

Resuelve todos los problemas que mencionó." Lo que no había captado era que "simple" y "rápido" eran los verdaderos requisitos, mientras que los "problemas mencionados" eran ejemplos ilustrativos, no la lista completa de necesidades. El cliente lo había dicho, pero el consultor lo había escuchado filtrado por su propio mapa de "resolver problemas técnicos completamente."

La mayoría de las personas creen que escuchan bien. En realidad, la mayoría de las personas escuchan selectivamente: captan lo que confirma lo que ya pensaban, filtran lo que no encaja en su marco de referencia, e interpretan ambigüedad según sus propias suposiciones.

El resultado es comunicación superficial que se siente productiva en el momento pero produce malentendidos caros más tarde.

Este capítulo trata sobre una capacidad diferente: escuchar no solo lo que alguien dice, sino cómo lo está pensando. Entender no solo el contenido de las palabras, sino la estructura mental desde la cual esas palabras emergen.

LA FALSA PROMESA (ESCUCHAR NO ES "ENTENDER")

Antes de explorar qué significa escuchar estratégicamente, necesitamos desmontar algunas creencias comunes sobre lo que constituye "buena escucha."

Mito 1: Escuchar es estar en silencio

La creencia más común es que escuchar bien significa simplemente no hablar mientras la otra persona habla. Dejas que termine. No interrumpes. Asientes apropiadamente.

Esto es necesario, pero no suficiente. Puedes estar completamente silencioso y no estar escuchando en absoluto —simplemente esperando tu turno de hablar, o pensando en tu respuesta, o distrayéndote mentalmente.

Más importante, estar en silencio no te ayuda a entender cómo la otra persona está estructurando su pensamiento. No revela las suposiciones implícitas, las omisiones, o las generalizaciones que están dando forma a su comunicación.

El silencio es el contexto para la escucha, no la escucha misma.

Mito 2: Escuchar es repetir lo que dijeron

Hay técnicas populares de "escucha activa" que enseñan a repetir o parafrasear lo que la otra persona dijo. "Lo que escucho es que estás diciendo X."

Esto puede ser útil para confirmar que captaste el contenido básico. Pero si simplemente repites las palabras sin entender la estructura detrás de ellas, estás reflejando superficie sin acceder a profundidad.

Además, cuando se hace mecánicamente, la repetición puede sentirse condescendiente o artificial. Las personas notan cuando estás ejecutando una técnica en lugar de genuinamente intentando entender.

Mito 3: Escuchar es estar de acuerdo

Algunas personas confunden escucha con validación o acuerdo. "Si escucho tu perspectiva, debo estar de acuerdo con ella."

Esta confusión hace que las personas eviten escuchar perspectivas con las que anticipan estar en desacuerdo. En negociaciones o conflictos, esto es particularmente problemático: las personas se enfocan en defender su posición en lugar de entender la del otro.

Pero puedes entender completamente cómo alguien está pensando sin estar de acuerdo con sus conclusiones. De hecho, entender la estructura del pensamiento del otro es a menudo necesario para desacuerdo productivo o para encontrar soluciones que ambas partes puedan aceptar.

Por qué estos mitos persisten

Estas concepciones superficiales de escucha persisten porque son más simples que la alternativa real. Requieren menos esfuerzo cognitivo. Permiten que permanezcas en tu propio mapa mental sin el trabajo de entender el del otro.

También persisten porque en muchas conversaciones cotidianas, son suficientes. Si alguien te pregunta la hora, no necesitas entender su mapa mental. Si alguien te pide que le pases la sal, no necesitas explorar la estructura de su pensamiento.

El problema surge en contextos profesionales complejos donde la precisión importa, donde hay ambigüedad significativa, donde diferentes personas tienen marcos de referencia diferentes, o donde el costo de malentendido es alto.

En esos contextos, la escucha superficial no solo es insuficiente; es costosa.

La frustración común: "pero yo sí escuché"

Si alguna vez has salido de una conversación sintiendo que dijiste algo claramente y la otra persona no lo entendió, o viceversa, has experimentado esta brecha.

Ambas partes creen que escucharon. Técnicamente, ambas oyeron las palabras. Pero las palabras pasaron por filtros diferentes, se interpretaron según mapas diferentes, y terminaron significando cosas diferentes para cada persona.

La frustración es legítima. Pero la solución no es repetir las mismas palabras más fuerte o más lentamente. La solución es desarrollar la capacidad de detectar cuándo estás operando con mapas diferentes y hacer el trabajo de entender el mapa del otro.

LO QUE REALMENTE FUNCIONA (MAPAS MENTALES Y LENGUAJE)

Entonces, ¿qué significa escuchar estratégicamente? Significa prestar atención no solo a qué dice alguien, sino a cómo lo estructura: qué incluye, qué omite, qué generaliza, qué especifica, dónde pone énfasis.

El concepto de mapa mental

Ya hemos mencionado esta idea en capítulos anteriores, pero vale la pena profundizar porque es fundamental.

Cada persona opera con una representación interna de la realidad —su "mapa." Este mapa incluye:

- **Qué información consideran relevante** y qué ignoran
- **Cómo categorizan y organizan** esa información
- **Qué conexiones causales** asumen
- **Qué valores y prioridades** guían su atención
- **Qué vocabulario** usan para describir su experiencia

Cuando alguien te habla, no te está dando acceso directo a su experiencia. Te está dando una versión comprimida, filtrada y estructurada según su mapa.

La escucha estratégica consiste en:

1. Reconocer que estás escuchando un mapa, no el territorio
2. Hacer preguntas que revelen la estructura de ese mapa
3. Ajustar tu comunicación según lo que descubres

Esto no es manipulación. Es precisión comunicativa.

Sistemas representacionales: Una herramienta de observación, no una verdad

Uno de los conceptos de PNL que puede ser útil (si se usa cuidadosamente) es la idea de que las personas tienden a favorecer ciertos canales sensoriales cuando procesan y comunican información.

Visual: Algunas personas piensan y hablan predominantemente en términos de imágenes y representaciones visuales. Dicen cosas como "veo lo que quieres decir," "la perspectiva es clara," "imagina esto," "desde mi punto de vista."

Auditivo: Otras personas favorecen el lenguaje relacionado con sonido y palabras. "Eso suena bien," "escucha esto," "me dice que," "habla conmigo sobre eso."

Kinestésico: Otras se enfocan en sensaciones físicas y emocionales. "Siento que," "agarra esto," "presión," "conexión," "toca base conmigo."

Importante: Esta no es una tipología fija de personalidad. La investigación neurocientífica no respalda la idea de que las personas tienen un "sistema dominante" que determina cómo procesan toda la información. El procesamiento es mucho más integrado y dependiente del contexto.

Entonces, ¿por qué es útil?

No porque revele una verdad sobre cómo funciona el cerebro de alguien, sino porque prestar atención al lenguaje sensorial que alguien usa en un momento dado puede darte pistas sobre cómo están accediendo a información en ese momento específico.

Si un cliente dice "no veo cómo esto resuelve mi problema," están usando metáfora visual. Responder con "déjame mostrarte" o "imagina este escenario" puede ser más fluido comunicativamente que responder con "déjame explicarte cómo suena esto."

No es magia. No es lectura de mente. Es simplemente ajustar tu lenguaje para coincidir con el del otro, lo cual facilita comprensión mutua.

Cómo NO usar esto:

- No etiquetes a las personas: "Él es visual."
- No asumas que alguien que usa lenguaje visual una vez siempre lo hará.
- No fuerces "coincidencia" de manera que suene artificial.
- No trates esto como una técnica infalible.

Cómo SÍ usar esto:

- Observa qué lenguaje sensorial usa alguien en una conversación específica.
- Experimenta con usar lenguaje similar y nota si la comunicación fluye mejor.
- Mantén flexibilidad; si no funciona, ajusta.

Metaprogramas: Patrones de atención y preferencia

Otro concepto de PNL que puede ser útil (nuevamente, con cautela) es la idea de que las personas tienen patrones diferentes de atención según el contexto.

Algunos ejemplos:

Orientación hacia/lejos de:

- Algunas personas se motivan principalmente por objetivos y logros (hacia).

- Otras se motivan principalmente por evitar problemas (lejos de).
- En una conversación, alguien "hacia" responde mejor a "esto te ayudará a lograr X," mientras que alguien "lejos de" responde mejor a "esto evitará el problema Y."

Interno/externo:

- Algunas personas evalúan decisiones principalmente según su propia opinión interna.
- Otras necesitan validación o feedback externo.
- Alguien "interno" responde a "¿qué piensas tú?" mientras que alguien "externo" responde a "los expertos dicen" o "tus colegas han encontrado."

General/específico:

- Algunas personas piensan y hablan en términos de conceptos amplios.
- Otras necesitan detalles concretos.
- Un pensador "general" se frustra con exceso de detalle; un pensador "específico" se siente inseguro sin él.

Crítico nuevamente: Estos no son tipos de personalidad fijos.
La misma persona puede ser "hacia" en su carrera profesional pero "lejos de" en decisiones de salud. Puede ser "interna" en temas donde tiene expertise pero "externa" en áreas desconocidas.

Estos son patrones contextuales, no rasgos permanentes.

Utilidad práctica:

Si notas que alguien habla consistentemente sobre evitar problemas en lugar de alcanzar objetivos, ajustar tu comunicación para enfatizar "esto previene X" en lugar de "esto logra Y" puede aumentar resonancia.

Si alguien pregunta repetidamente "¿qué dicen los expertos?" están señalando una preferencia "externa" en ese contexto. Proporcionar referencias externas puede ser más persuasivo que decir "confía en tu juicio."

Pero nunca asumas. Siempre verifica. Y siempre mantén flexibilidad para ajustar si tu hipótesis es incorrecta.

El metamodelo del lenguaje: Detectando lo que falta

Esta es probablemente la contribución más práctica de PNL a la escucha estratégica: un conjunto de patrones para notar cómo el lenguaje comprime, generaliza y distorsiona información.

Cuando alguien habla, su lenguaje pasa por varios filtros:

Generalizaciones: Tomar una experiencia específica y hablar de ella como si fuera universal.

- "Nadie me escucha."
- "Siempre pasa lo mismo."
- "No puedo delegar."

Omisiones: Dejar fuera información importante.

- "Estoy frustrado." (¿Con qué? ¿Con quién?)
- "Esto no funciona." (¿Qué específicamente? ¿En qué contexto?)
- "Necesitamos cambiar." (¿Cambiar qué? ¿Hacia qué?)

Distorsiones: Presentar interpretaciones como hechos.

- "Me ignoraron." (Tal vez te interrumpieron, tal vez no te vieron, tal vez estaban distraídos; "ignorar" implica intención.)
- "Esto demuestra que no les importa." (Interpretación de significado, no hecho observable.)

El metamodelo proporciona preguntas para recuperar la información perdida:

Para generalizaciones:

- "¿Nadie en absoluto?"
- "¿Siempre, o hay excepciones?"
- "¿Qué te impide específicamente?"

Para omisiones:

- "¿Frustrado con qué específicamente?"
- "¿Qué aspecto no funciona?"
- "¿Cambiar qué exactamente?"

Para distorsiones:

- "¿Cómo sabes que te ignoraron?"
- "¿Qué evidencia específica te dice que no les importa?"

El objetivo no es ser pedante o confrontacional. El objetivo es recuperar precisión que se perdió en la comunicación comprimida.

Cómo NO usar esto:

- No interrogues. No conviertas cada conversación en una sesión de preguntas desafiantes.
- No uses el metamodelo para "ganar" argumentos demostrando imprecisiones en el lenguaje del otro.
- No ignores el contexto emocional. Si alguien está visiblemente angustiado, no es el momento de preguntar "¿siempre, o solo a veces?"

Cómo SÍ usar esto:

- Usa estas preguntas cuando la precisión realmente importa: decisiones importantes, acuerdos, diagnóstico de problemas.
- Hazlo con genuina curiosidad, no con ánimo de "atrapar" al otro en imprecisión.
- Combínalo con empatía: "Entiendo que estás frustrado. ¿Podrías ayudarme a entender qué específicamente está causando esa frustración?"

La práctica: Escuchar estructura, no solo contenido

Reuniendo todo esto, la escucha estratégica consiste en prestar atención simultáneamente a varios niveles:

Nivel 1: Contenido —qué están diciendo literalmente.

Nivel 2: Estructura —qué patrones de lenguaje usan, qué generalizaciones hacen, qué omiten.

Nivel 3: Mapa —qué suposiciones implícitas están operando, qué es importante para ellos, cómo categorizan el problema.

Nivel 4: Estado —qué estado emocional o cognitivo parece estar presente.

Esto suena complejo, pero con práctica se vuelve más natural. No intentas escuchar todos los niveles simultáneamente con igual atención. Dejas que tu atención se mueva fluidamente según qué sea más relevante en el momento.

LÍMITES Y RIESGOS (CUANDO ESCUCHAR SE VUELVE ETIQUETAR)

Como con cualquier herramienta de observación, hay riesgos cuando se usa mal.

Riesgo 1: Etiquetar en lugar de observar

El error más común es convertir patrones observados en etiquetas fijas.

"Ella es visual." "Él es un pensador general." "Ella está orientada lejos-de."

Una vez que etiquetas, dejas de observar. Empiezas a buscar confirmación de tu etiqueta en lugar de estar abierto a complejidad y variación.

La realidad es que las personas son fluidas. El mismo individuo puede mostrar patrones muy diferentes en contextos diferentes, con personas diferentes, o en momentos diferentes.

La actitud correcta: "En esta conversación, parece estar usando lenguaje predominantemente visual. Me pregunto si ajustar mi lenguaje en esa dirección mejoraría claridad."

Eso es una hipótesis tentativa que puedes probar y ajustar, no una conclusión fija sobre quién es la persona.

Riesgo 2: Sesgo de confirmación

Una vez que has notado un patrón —o crees haberlo notado— tu cerebro buscará automáticamente evidencia que lo confirme e ignorará evidencia que lo contradiga.

Si decidiste que alguien "es kinestésico," notarás cada vez que use lenguaje de sensación e ignorarás las muchas veces que use lenguaje visual o auditivo.

Mitigación: Busca activamente evidencia que contradiga tu hipótesis inicial. Pregúntate: "¿Qué estoy no viendo porque estoy enfocado en este patrón?"

Riesgo 3: Sobreinterpretación

No cada palabra es profundamente significativa. No cada patrón de lenguaje revela algo fundamental sobre cómo alguien piensa.

A veces la gente usa ciertas palabras simplemente porque son convencionales o porque escucharon a alguien más usarlas. A veces el lenguaje es casual, no cuidadosamente elegido.

Actitud correcta: Observa patrones consistentes en lugar de sobreinterpretar palabras individuales. Si alguien usa lenguaje visual ocasionalmente, eso no significa nada. Si lo usa consistentemente a lo largo de una conversación, podría ser información útil.

Riesgo 4: Usar observación para manipular

La capacidad de observar cómo alguien estructura su pensamiento puede usarse para facilitar comprensión mutua, o puede usarse para explotar esa comprensión manipulativamente.

Si notas que alguien está "orientado lejos-de," puedes usar eso para:

- **Éticamente:** Enmarcar tu propuesta de manera que resuene con cómo ellos naturalmente piensan, mientras mantienes transparencia sobre tu intención.
- **Manipulativamente:** Crear miedo artificial sobre problemas para presionarlos hacia tu solución preferida.

La diferencia no está en la observación misma, sino en tu intención y en si respetas la autonomía del otro.

Riesgo 5: Asumir que entiendes cuando no

Hay un peligro sutil: aplicar estos marcos puede darte sensación de comprensión que excede tu comprensión real.

"Ah, está usando lenguaje visual" puede sentirse como insight profundo, cuando en realidad solo has notado un patrón superficial. Todavía no entiendes qué específicamente es importante para esa persona, qué están omitiendo, o qué suposiciones están haciendo.

Actitud correcta: Trata toda observación como hipótesis provisional. Verifica. Pregunta. Mantén curiosidad en lugar de certeza.

La regla fundamental: Escucha como hipótesis, no como diagnóstico

Todo lo que observas sobre cómo alguien está comunicando es información tentativa que te ayuda a generar mejores preguntas y ajustar tu comunicación. No es diagnóstico definitivo de cómo "es" esa persona.

Mantén esa distinción clara y evitarás la mayoría de los riesgos.

APLICACIÓN PRÁCTICA RESPONSABLE

Veamos cómo aplicar escucha estratégica en contextos profesionales concretos.

Aplicación 1: Negociación

Contexto: Estás negociando términos de un contrato con un cliente potencial.

Escucha superficial: Cliente: "Necesitamos que esto sea flexible." Tú: "Claro, podemos ser flexibles." (Asumes que entiendes qué significa "flexible.")

Resultado: Firman contrato. Tres meses después hay conflicto porque "flexible" significaba cosas diferentes para cada parte.

Escucha estratégica:
Cliente: "Necesitamos que esto sea flexible."

Tú: (Notas que "flexible" es vago.) "Para asegurarme de que diseñamos algo que funcione para ustedes, ¿podrías darme un ejemplo específico de qué tipo de flexibilidad es más importante?"

Cliente: "Bueno, nuestro volumen varía mucho mes a mes. No queremos estar atados a un mínimo fijo."

Tú: (Ahora entiendes que "flexible" = estructura de precios variable, no términos generales.) "Entiendo. Entonces la flexibilidad clave es en volumen y pricing. ¿Hay otros aspectos donde flexibilidad es importante, o es principalmente eso?"

Cliente: "Principalmente eso. En términos de entrega y soporte, podemos trabajar con algo más estructurado."

Ahora tienes claridad real sobre qué es negociable y qué no. Puedes diseñar una propuesta que aborde su necesidad genuina en lugar de adivinar.

Aplicación 2: Conversación de feedback

Contexto: Necesitas dar feedback a un empleado sobre un patrón de comportamiento problemático.

Escucha superficial:
Tú: "He notado que llegas tarde frecuentemente a las reuniones."
Empleado: "Es que estoy muy ocupado."
Tú: (Interpretas esto como excusa o falta de prioridad.) "Todos estamos ocupados. Necesitas gestionar mejor tu tiempo."
Resultado: El empleado se siente no escuchado. El problema persiste.

Escucha estratégica:
Tú: "He notado que llegas tarde frecuentemente a las reuniones."
Empleado: "Es que estoy muy ocupado."
Tú: (Notas que "muy ocupado" es vago. Podría significar sobrecarga real, mala gestión de tiempo, o priorización diferente. No asumes.) "Ayúdame a entender qué está pasando específicamente. ¿Qué te tiene tan ocupado que las reuniones son difíciles de priorizar?"
Empleado: "Bueno, mi carga de proyectos ha aumentado significativamente en los últimos dos meses, y las reuniones que tenemos programadas siempre coinciden con deadlines que me presionan."
Tú: (Ahora tienes información útil. El problema podría no ser actitud o gestión de tiempo, sino sobrecarga real o conflictos de programación.) "Eso tiene sentido. Hablemos primero de tu carga de trabajo y veamos si está balanceada. Y luego exploremos si podemos ajustar el horario de algunas reuniones para que no coincidan con tus picos de trabajo."

Este enfoque trata el comportamiento problemático como información sobre algo más profundo, en lugar de tratarlo como el problema completo.

Aplicación 3: Liderazgo y alineación de equipo

Contexto: Tu equipo parece no estar alineado sobre la dirección de un proyecto.

Escucha superficial:
En reunión de equipo, preguntas: "¿Todos estamos de acuerdo con este enfoque?"
Todos asienten. Asumes alineación.
Resultado: Dos semanas después descubres que cada persona está trabajando en direcciones diferentes porque interpretaron "este enfoque" de maneras completamente distintas.

Escucha estratégica:

En reunión de equipo: "Quiero asegurarme de que todos estamos genuinamente alineados, no solo diciendo que sí. Voy a pedirle a cada persona que explique con sus propias palabras qué entienden que estamos haciendo y por qué."

Persona 1: "Vamos a optimizar el sistema actual para reducir costos."

Persona 2: "Vamos a rediseñar desde cero para mejorar experiencia de usuario."

Persona 3: "Vamos a evaluar opciones y decidir entre optimizar o rediseñar."

Tú: (Ahora es obvio que no hay alineación, aunque todos dijeron que sí.) "Okay, claramente tenemos interpretaciones diferentes. Eso es información valiosa. Vamos a invertir tiempo ahora en aclarar exactamente qué vamos a hacer."

Este proceso de hacer que las personas articulen su comprensión revela desalineación oculta antes de que cause problemas.

Aplicación 4: Coaching o mentoría

Contexto: Un mentee dice que "no es bueno" en algo.

Escucha superficial:

Mentee: "No soy bueno presentando."

Tú: "Claro que sí, solo necesitas práctica." (Tranquilizas sin explorar.)

Resultado: La persona no se siente entendida. El problema real no se aborda.

Escucha estratégica:

Mentee: "No soy bueno presentando."

Tú: (Notas generalización. "No soy bueno" es vago y absoluto.) "¿Qué específicamente encuentras difícil en presentar?"

Mentee: "Me pongo nervioso y olvido lo que iba a decir."

Tú: (Ahora tienes información más específica, pero todavía hay generalización.) "¿Pasa en todas las presentaciones, o hay contextos donde es peor o mejor?"

Mentee: "Honestamente, es peor cuando presento a ejecutivos senior. Con mi propio equipo estoy bien."

Tú: (Ahora entiendes que el problema no es habilidad de presentación general, sino gestión de ansiedad en contextos de alto riesgo social.) "Eso tiene sentido. No es que no sepas presentar. Es que el contexto de ejecutivos senior genera ansiedad que interfiere con lo que ya sabes hacer. Ese es un problema diferente, y tiene soluciones diferentes."

Esta claridad permite abordar el problema real en lugar del problema declarado.

Elementos comunes en estos ejemplos

Nota que en todos los casos, la escucha estratégica implica:

1. **No asumir que entiendes automáticamente**
2. **Hacer preguntas que recuperan especificidad**
3. **Notar patrones de lenguaje sin etiquetar a la persona**
4. **Usar lo que descubres para ajustar tu respuesta**
5. **Verificar comprensión en lugar de proceder con ambigüedad**

Esto no es complicado técnicamente. Pero requiere disciplina: resistir el impulso de saltar a conclusiones, invertir tiempo en clarificar, y mantener curiosidad genuina.

PRÁCTICA DE LA HABILIDAD (GIMNASIO DE ESCUCHA)

Estos ejercicios desarrollarán tu capacidad de escuchar estructura y mapas mentales, no solo contenido.

Ejercicio 1: Rastreo de patrones de lenguaje

Durante conversaciones profesionales esta semana, elige un aspecto para observar:

Opción A: Lenguaje sensorial (visual, auditivo, kinestésico) **Opción B:** Generalizaciones vs. especificaciones **Opción C:** Orientación "hacia" vs. "lejos de"

No hagas nada con lo que observas. Solo nota. Practica simplemente ver el patrón sin etiquetar a la persona.

Al final de cada conversación, reflexiona:

- ¿Qué patrón noté?
- ¿Fue consistente o varió?
- ¿Cambió según el tema?
- ¿Qué podría haber hecho diferente en mi comunicación si hubiera ajustado según ese patrón?

Propósito: Desarrollar tu "músculo" de observación de patrones sin presión de hacer algo con la información todavía.

Qué estás entrenando: Consciencia perceptual —la capacidad de notar detalles en comunicación que normalmente pasarían desapercibidos.

Ejercicio 2: Recuperación de especificidad

En una reunión o conversación, cada vez que alguien use lenguaje vago o generalizado, practica (mentalmente primero, verbalmente después) formular la pregunta de clarificación que recuperaría especificidad.

Ejemplos:

Persona: "Esto no está funcionando." Pregunta (mental): ¿Qué específicamente no está funcionando? ¿En qué contexto?

Persona: "Siempre pasa lo mismo." Pregunta (mental): ¿Siempre? ¿Hay excepciones? ¿Qué exactamente es "lo mismo"?

Persona: "Necesitamos mejorar la comunicación." Pregunta (mental): ¿Qué aspecto específico de la comunicación? ¿Entre quiénes? ¿Sobre qué temas?

Comienza practicando mentalmente. Una vez que te sientas cómodo formulando las preguntas internamente, comienza a hacerlas verbalmente en contextos de bajo riesgo.

Propósito: Desarrollar el hábito de notar cuándo el lenguaje pierde precisión y saber qué preguntar.

Qué estás entrenando: Precisión comunicativa —la capacidad de detectar y clarificar ambigüedad.

Ejercicio 3: Exploración de mapas mentales

Elige una conversación importante esta semana (reunión de decisión, negociación, conversación de coaching) y propone un objetivo específico:

Entender cómo la otra persona está mapeando el problema o situación.

Durante la conversación, haz preguntas exploratorias:

- "¿Cómo estás pensando sobre esto?"
- "¿Qué es lo más importante para ti aquí?"
- "¿Qué estarías preocupado que pasara si no resolvemos esto?"
- "¿Qué te diría que esto está funcionando?"

No hagas preguntas para conducir a tu conclusión. Hazlas genuinamente para entender su mapa.

Después, reflexiona:

- ¿Qué descubrí sobre cómo están pensando que no sabía antes?
- ¿Qué suposiciones estaban haciendo que eran diferentes a las mías?
- ¿Cómo cambió mi comprensión del problema?

Propósito: Practicar la transición de "convencer" a "comprender" como modo primario en conversaciones importantes.

Qué estás entrenando: Empatía cognitiva —la capacidad de modelar genuinamente cómo alguien más está estructurando su pensamiento.

CONCLUSIÓN PROFESIONAL DEL CAPÍTULO

La mayoría de los profesionales creen que escuchan bien. Lo que realmente están haciendo es oír palabras y filtrarlas a través de sus propios mapas mentales, suposiciones y prioridades.

El resultado es comunicación superficial: las personas hablan pasado una a otra, acuerdan cosas diferentes pensando que acordaron lo mismo, y pasan días o semanas sin detectar malentendidos fundamentales.

La escucha estratégica no es una técnica mágica. Es una habilidad desarrollable que consiste en prestar atención a cómo las personas estructuran su pensamiento a través de su lenguaje:

- Qué patrones sensoriales usan
- Qué generalizan y qué especifican
- Qué omiten
- Qué suposiciones operan implícitamente
- Dónde ponen énfasis

Los modelos de PNL —sistemas representacionales, metaprogramas, metamodelo del lenguaje— no son verdades científicas sobre cómo funciona el cerebro. Son marcos interpretativos útiles que pueden guiar tu atención hacia patrones que de otro modo no notarías.

Úsalos como hipótesis, no como diagnóstico. Como herramientas de observación, no como sistemas de categorización. Como maneras de generar mejores preguntas, no como conclusiones sobre quién "es" alguien.

El peligro está en convertir observación en etiqueta, en asumir que entiendes cuando solo has notado un patrón superficial, o en usar tu capacidad de observación para manipular en lugar de para clarificar.

La escucha estratégica ética tiene un objetivo claro: comprensión mutua más precisa. No se trata de tener ventaja sobre el otro. Se trata de reducir la brecha inevitable entre lo que alguien quiere comunicar y lo que tú capturas.

En negociaciones, esto significa identificar qué realmente importa a cada parte antes de proponer soluciones. En liderazgo, significa detectar desalineación antes de que cause problemas. En coaching, significa entender el problema real en lugar del problema declarado. En cualquier contexto profesional complejo, significa menos tiempo perdido en malentendidos y más tiempo trabajando en lo que realmente importa.

Esta habilidad no se domina leyendo. Se domina practicando: observando patrones, haciendo preguntas clarificadoras, verificando comprensión, y ajustando según feedback.

Comienza con un aspecto. Practica notar lenguaje sensorial, o generalizaciones, o preferencias de orientación. Una vez que ese nivel de observación se vuelva natural, añade otro. Con el tiempo, tu capacidad de escuchar múltiples niveles simultáneamente se desarrollará sin esfuerzo consciente.

La recompensa no es solo ser mejor comunicador. Es construir relaciones profesionales donde las personas sienten que realmente las entiendes, lo cual es la base de confianza, influencia y colaboración efectiva.

La escucha estratégica no te da control sobre otros. Te da claridad sobre lo que realmente está pasando en una conversación. Y esa claridad, en contextos profesionales, es poder.

CAPÍTULO 6
CALIBRACIÓN Y RAPPORT: CÓMO GENERAR CONFIANZA SIN PERDER AUTENTICIDAD

Una consultora senior con más de quince años de experiencia se preparó meticulosamente para una presentación con un cliente potencial. Su propuesta era técnicamente impecable. Había anticipado objeciones. Conocía su material mejor que nadie. Entró a la sala confiada.

Treinta minutos después, podía sentir que algo estaba mal. El cliente escuchaba, asentía en los momentos apropiados, pero había una cualidad en la interacción que se sentía... plana. Ausencia de energía. Ausencia de conexión. Las respuestas eran corteses pero mínimas. No había preguntas genuinas. No había chispa de interés real.

Al final, el cliente dijo: "Gracias, lo revisaremos." Ella supo inmediatamente que no volvería a tener noticias de ellos. Y así fue.

Semanas después, en una conversación informal con alguien que conocía al cliente, descubrió qué había pasado. El cliente había dicho: "Era muy competente, pero no sentí conexión. No confiaba en que realmente entendiera nuestra situación."

Esto era desconcertante para la consultora. Ella *sí* entendía su situación. Había investigado exhaustivamente. Había diseñado soluciones específicas para sus necesidades. ¿Cómo podía no sentir eso?

La respuesta es que la competencia técnica, por sí sola, no genera confianza. La lógica, por sí sola, no crea conexión. Puedes tener el mejor argumento del mundo, la solución más brillante, el análisis más riguroso, y aún así fallar en convencer si no hay rapport.

Este patrón se repite en múltiples contextos profesionales:

Un gerente da feedback técnicamente correcto a un empleado, pero la conversación se siente tensa. El empleado asiente pero no cambia nada. El problema no era el contenido del feedback. Era la ausencia de conexión que permitiera recibirlo.

Un negociador presenta una propuesta que es objetivamente justa y beneficiosa para ambas partes. La otra parte la rechaza. No porque la propuesta sea mala, sino porque no confían en las intenciones detrás de ella.

Un líder intenta motivar a su equipo con un discurso lógico y bien estructurado sobre por qué un cambio es necesario. El equipo escucha en silencio y sale de la sala sin convicción. Las palabras eran correctas. La conexión estaba ausente.

La confianza no se construye solo con competencia. Se construye con algo más sutil: la sensación de que la otra persona te ve, te entiende, y está genuinamente presente contigo en la conversación.

En PNL, esto se llama rapport. Pero como verás, la mayoría de lo que se enseña sobre rapport es una caricatura mecánica de algo que es fundamentalmente humano y sutil.

LA FALSA PROMESA (EL RAPPORT COMO TÉCNICA MECÁNICA)

Si has tomado formaciones en ventas, coaching o PNL, probablemente has escuchado instrucciones como estas:

"Refleja la postura de la otra persona. Si cruza las piernas, tú cruza las piernas. Si se inclina hacia adelante, tú inclínate hacia adelante."

"Imita su velocidad de habla. Si habla rápido, habla rápido. Si habla lento, habla lento."

"Usa las mismas palabras que usa. Si dice 'entiendo,' tú di 'entiendo.' Si dice 'siento,' tú di 'siento.'"

Esta es la versión caricaturizada del rapport: una técnica mecánica de imitación donde crees que puedes "generar" conexión copiando comportamiento visible.

Por qué esto falla (y por qué se siente horrible)

Hay varios problemas fundamentales con este enfoque:

Problema 1: Es detectable

Las personas tienen radares extraordinariamente sensibles para detectar autenticidad versus manipulación. Incluso si conscientemente no notan que estás copiando su postura, inconscientemente sienten que algo está "off."

Cuando imitas mecánicamente, tu atención está en ejecutar la técnica, no en la persona. Y eso es precisamente lo que destruye rapport: ausencia de presencia genuina.

Problema 2: Te convierte en robot social

Cuando estás enfocado en "refleja su postura, ahora refleja su velocidad, ahora usa sus palabras," pierdes la capacidad de escuchar realmente. Tu capacidad cognitiva está consumida por ejecutar pasos técnicos.

El resultado es que te vuelves menos presente, menos natural, menos tú. Y paradójicamente, menos capaz de generar conexión real.

Problema 3: Confunde correlación con causalidad

Es cierto que cuando dos personas tienen rapport genuino, a menudo muestran sincronización natural: ritmos de habla similares, posturas complementarias, patrones de respiración coordinados.

Pero esto es un *resultado* de conexión, no la *causa*. Imitar esos comportamientos externamente no crea la conexión subyacente. Es como ver que la gente feliz sonríe y concluir que si sonríes mecánicamente sin sentirte feliz, te volverás feliz. A veces funciona levemente. Pero a menudo solo crea disonancia.

Problema 4: Ignora contexto y relación de poder

En una relación entre pares donde hay confianza mutua, cierta coordinación natural de comportamiento puede fortalecer conexión. Pero en relaciones con desequilibrio de poder (jefe-empleado, vendedor-cliente, experto-novato), la imitación deliberada puede sentirse invasiva o condescendiente.

Una persona con menos poder que imita a una persona con más poder puede estar haciendo algo adaptativo y natural. Una persona con más poder que imita a una persona con menos poder puede estar generando incomodidad sin darse cuenta.

Problema 5: Es éticamente cuestionable

Cuando usas técnicas mecánicas de rapport con la intención de reducir la resistencia de alguien para lograr tu objetivo, estás cruzando hacia manipulación.

El objetivo del rapport auténtico es facilitar comprensión mutua y comunicación más fluida. El objetivo del rapport mecánico a menudo es "romper resistencia" o "generar confianza rápidamente" para poder vender, persuadir o influir.

Esa diferencia de intención es éticamente significativa.

Tu incomodidad con estas técnicas es información válida

Si alguna vez has intentado estas técnicas mecánicas de rapport y te sentiste incómodo, falso o manipulativo, tu incomodidad era información correcta.

No es que seas "malo en rapport." Es que estabas intentando ejecutar una versión degradada de algo que es fundamentalmente más sutil, más humano, y menos técnico.

La buena noticia es que hay una manera diferente de pensar sobre rapport que es más efectiva, más ética, y más sostenible.

LO QUE REALMENTE FUNCIONA (CALIBRACIÓN Y SINTONÍA)

El rapport genuino no es algo que *haces* a alguien. Es algo que *emerge* cuando ciertas condiciones están presentes.

Rapport como fenómeno emergente

Piensa en rapport como similar a un ritmo musical compartido. No lo creas forzando. Surge cuando dos músicos están escuchándose mutuamente con atención, respondiendo a lo que el otro está haciendo, ajustando naturalmente.

En conversaciones humanas, el rapport emerge cuando:

- Ambas personas sienten que están siendo vistas y escuchadas
- Hay suficiente seguridad psicológica para autenticidad
- Hay respeto mutuo (que no es lo mismo que acuerdo)
- Hay presencia genuina, no ejecución de técnica

Tu trabajo no es fabricar rapport. Es crear las condiciones donde puede emerger naturalmente.

Calibración: La base del rapport auténtico

Antes de poder generar rapport, necesitas desarrollar calibración: la capacidad de observar con precisión el estado de la otra persona y el estado de la interacción.

Calibración significa notar:

1. Señales de compromiso vs. desconexión

Cuando alguien está genuinamente comprometido en una conversación:

- Su atención está estable (no divagando o distrayéndose)
- Sus respuestas son sustantivas (no solo corteses y mínimas)
- Hay energía en su voz (no monotonía)
- Hace preguntas o contribuye activamente
- Su lenguaje corporal está orientado hacia ti (no cerrado o apartado)

Cuando alguien está desconectado:

- Respuestas breves, genéricas
- Mirada que divaga
- Lenguaje corporal cerrado o apartado
- Ausencia de iniciativa conversacional
- Tono plano o ausente

Calibrar significa notar estas diferencias en tiempo real, no después de la conversación cuando estás reflexionando sobre "cómo fue."

2. Shifts en estado emocional o energético

Las personas no están en un estado fijo durante conversaciones. Hay fluctuaciones:

- Un tema genera interés, otro genera resistencia
- Una pregunta genera apertura, otra genera cierre
- Un ritmo se siente fluido, otro se siente forzado

Calibrar significa detectar esos micro-shifts. Notar cuándo algo que dijiste cambió la energía de la conversación. Cuándo alguien se cerró levemente. Cuándo se abrió.

Esto no es leer mentes. Es simplemente prestar atención a señales observables que la mayoría de las personas ignoran porque están demasiado enfocadas en lo que van a decir a continuación.

3. Congruencia entre palabras, tono y lenguaje corporal

A veces alguien dice "estoy de acuerdo" pero su tono y postura comunican dudas. A veces dicen "no hay problema" pero hay tensión visible.

Calibrar significa notar esas incongruencias sin necesariamente confrontarlas agresivamente.

Ejemplo: Cliente: "Sí, eso suena bien." (Pero su tono es plano y su postura es cerrada.)

Respuesta no calibrada: "Excelente, entonces procedamos."

Respuesta calibrada: "Noté que dijiste que suena bien, pero percibo cierta reserva. ¿Hay algo que te preocupa que no hemos abordado?"

Eso no es acusar. Es simplemente reconocer la incongruencia y dar espacio para que se articule.

4. Ritmo y energía conversacional

Algunas personas procesan información rápidamente y se sienten cómodas con ritmo rápido. Otras necesitan pausas para reflexionar. Algunas personas son expresivas y animadas. Otras son más contenidas.

Calibrar significa notar qué ritmo y energía la otra persona está trayendo, y considerar si tu ritmo y energía están creando fricción o fluidez.

Esto no significa que debas copiar mecánicamente. Significa que si eres naturalmente rápido y animado, y la otra persona es reflexiva y pausada, una conversación donde no haces ningún ajuste probablemente sentirá atropellada para ella.

No necesitas cambiar quién eres. Pero sí necesitas modular tu expresión según el contexto.

Ajuste: Responder a lo que calibras

Una vez que estás calibrando, el siguiente paso es ajustar tu comportamiento según lo que observas.

Esto no es imitación. Es adaptación inteligente.

Ajustar ritmo

Si notas que la otra persona responde con pausas largas antes de hablar, eso sugiere que procesa internamente antes de verbalizar. Darle más espacio entre tus intervenciones no es "copiar su ritmo." Es respetar su proceso.

Si notas que alguien habla rápidamente y parece frustrado cuando hay pausas largas, acortar tus pausas y aumentar tu ritmo no es manipulación. Es ajustar para facilitar fluidez conversacional.

Ajustar intensidad energética

Si alguien está en un estado de alta emoción (entusiasmo, ansiedad, frustración) y tú respondes con tono completamente neutro y calmado, puedes crear desconexión. No porque debas coincidir exactamente con su intensidad, sino porque un contraste extremo puede comunicar "no estoy realmente contigo en esto."

Por otro lado, si alguien está en un estado reflexivo y calmado, y tú entras con energía muy elevada y habla rápida, puedes sentirte invasivo o abrumador.

El ajuste óptimo a menudo es estar cerca de la energía del otro, pero no necesariamente idéntico. Suficientemente cerca para que sienta sintonía, suficientemente tú para que seas auténtico.

Ajustar nivel de formalidad o informalidad

Algunas interacciones profesionales requieren formalidad. Otras se benefician de informalidad. Calibrar significa notar qué tono la otra persona está usando y ajustar según sea apropiado para el contexto.

Si alguien está siendo formal y tú eres demasiado casual, puedes parecer poco profesional. Si alguien está siendo casual y tú eres rígidamente formal, puedes parecer distante o jerárquico.

Ajustar grado de expresividad emocional

Algunas personas son naturalmente expresivas. Otras son más contenidas. Si eres muy expresivo con alguien contenido, puedes parecer dramático. Si eres muy contenido con alguien expresivo, puedes parecer frío.

Ajustar no significa falsificar emoción. Significa modular tu expresión dentro de tu rango natural según qué facilitará conexión.

Lo que NO es ajuste

Es importante aclarar qué no estás haciendo:

No estás perdiendo tu identidad. Tu manera natural de ser, tus valores, tu perspectiva —todo eso permanece intacto. Estás ajustando expresión, no esencia.

No estás fingiendo. Ajustar ritmo, energía o tono no es falsificar. Es como hablar más bajo en una biblioteca y más alto en un estadio. No estás siendo falso; estás siendo contextualmente apropiado.

No estás subordinándote. Ajustar no es siempre coincidir. A veces significa traer energía diferente deliberadamente —por ejemplo, responder a alta ansiedad con calma estabilizadora.

No estás manipulando. Si tu intención es facilitar comunicación más clara y conexión más genuina, el ajuste es ético. Si tu intención es reducir la capacidad crítica del otro para lograr tu objetivo, es manipulación. La diferencia está en la intención y en si respetas la autonomía del otro.

Presencia: El ingrediente activo del rapport

Más allá de calibración y ajuste, hay algo más fundamental: presencia.

Presencia significa que tu atención está genuinamente en la otra persona y en la conversación, no en tu agenda interna, no en la técnica que estás ejecutando, no en lo que vas a decir después.

Cuando estás presente:

- Escuchas para entender, no para responder
- Notas detalles que normalmente perderías
- Respondes a lo que realmente está pasando, no a lo que esperabas que pasara
- Tu comunicación es fluida, no guionada

La ironía es que la presencia genuina es la mejor "técnica" de rapport, pero no puede ejecutarse técnicamente. Requiere que dejes de intentar ejecutar técnicas y simplemente estés ahí.

Esto suena esotérico, pero no lo es. Es la diferencia entre una conversación donde estás mentalmente preparando tu próxima intervención mientras el otro habla, versus una conversación donde genuinamente no sabes qué vas a decir hasta que la otra persona termine porque estás completamente enfocado en entenderla.

LÍMITES Y RIESGOS (CUANDO EL RAPPORT SE VUELVE FALSO)

Como con cualquier habilidad interpersonal, el rapport puede usarse ética o antiéticamente, y puede ejecutarse de maneras que dañan en lugar de ayudar.

Riesgo 1: Sobre-adaptación hasta perder autenticidad

Hay un límite a cuánto deberías ajustar. Si te adaptas tanto que pierdes tu propia voz, tu propia perspectiva, o tu propia comodidad, has ido demasiado lejos.

El rapport auténtico requiere dos personas genuinas en interacción. Si tú desapareces en el proceso de adaptación, no hay dos personas genuinas. Hay una persona real y un camaleón.

Señal de advertencia: Si después de una conversación te sientes agotado, falso, o no reconoces cómo estabas actuando, probablemente sobre-adaptaste.

Corrección: Ajusta dentro de tu rango natural. No intentes ser alguien que no eres. En lugar de eso, encuentra la versión de ti que mejor se ajusta al contexto sin traicionarte.

Riesgo 2: Usar rapport para evadir consentimiento

El rapport puede reducir resistencia. Eso es útil cuando la resistencia es basada en malentendido o desconfianza injustificada. Es problemático cuando la resistencia es legítima.

Si usas rapport para hacer que alguien esté más receptivo y luego usas esa receptividad para que acepte algo contrario a sus intereses, estás manipulando.

Ejemplo problemático: Un vendedor genera rapport genuino, lo cual hace que el cliente baje su guardia. Luego usa esa apertura para presionar una venta que no es adecuada para el cliente.

El rapport ético facilita que ambas personas se comuniquen más claramente. No se usa para evadir el juicio crítico del otro.

Riesgo 3: Confundir rapport con acuerdo o amistad

Puedes tener rapport excelente con alguien y estar profundamente en desacuerdo. Puedes tener rapport en una conversación profesional sin que eso implique relación personal.

El error es asumir que porque hay conexión en el momento, hay alineación fundamental o que la relación se extiende más allá del contexto profesional.

Aplicación práctica: Mantén claridad sobre los límites de la relación. El rapport facilita el trabajo. No crea obligaciones personales ni reemplaza límites profesionales.

Riesgo 4: Ignorar dinámicas de poder

En relaciones con desequilibrio de poder, el rapport puede usarse opresivamente.

Si tienes poder (como jefe, profesor, o experto) y usas rapport para hacer que alguien con menos poder se sienta cómodo expresando vulnerabilidad, tienes responsabilidad ética de no explotar esa vulnerabilidad.

Ejemplo: Un gerente genera rapport excelente con un empleado, quien como resultado comparte dudas sobre su rendimiento. El gerente luego usa esa información en contra del empleado. Eso es abuso de rapport.

El rapport en contextos con desequilibrio de poder debe venir acompañado de compromiso explícito de no usar la apertura del otro en su contra.

Riesgo 5: Rapport como objetivo en lugar de medio

El rapport no es el objetivo. Es un medio para comunicación más efectiva, colaboración más fluida, o resolución más constructiva de problemas.

Si te enfocas tanto en "generar rapport" que pierdes de vista el propósito real de la conversación, has invertido las prioridades.

Señal de advertencia: Si después de una conversación piensas "tuvimos gran rapport" pero no lograste el objetivo de la conversación (resolver un problema, tomar una decisión, clarificar algo), el rapport no sirvió su propósito.

La regla fundamental: Autenticidad sobre técnica

Si en algún momento sientes que estás ejecutando una técnica de rapport en lugar de genuinamente conectando, detente y reconecta con presencia auténtica.

Es mejor tener menos rapport técnico pero mayor autenticidad, que rapport aparente construido sobre actuación.

APLICACIÓN PRÁCTICA RESPONSABLE

Veamos cómo el rapport auténtico se construye en contextos profesionales específicos.

Aplicación 1: Conversaciones de liderazgo

Contexto: Necesitas tener una conversación difícil con un miembro del equipo sobre rendimiento.

Enfoque sin calibración:

Entras con tu agenda clara. Dices lo que preparaste. Das ejemplos específicos del problema. Ofreces un plan de mejora. Todo técnicamente correcto.

Resultado: El empleado asiente, pero está defensivo. No hay apertura real. La conversación se siente como rendición de cuentas, no como apoyo. El empleado sale sintiéndose atacado, no ayudado.

Enfoque con calibración y rapport:

Antes de empezar, observas: ¿Cómo está entrando esta persona a la conversación? ¿Defensiva? ¿Ansiosa? ¿Confundida?

Ajustas tu apertura según lo que observas:

Si notas defensividad: "Sé que estas conversaciones son incómodas. Quiero que sepas que mi objetivo es apoyarte, no criticarte. ¿Cómo te sientes entrando a esta conversación?"

Si notas ansiedad: "Noté que parecías preocupado cuando agendé esta reunión. Quiero aclarar: no estás en problemas. Solo quiero asegurarme de que tienes el apoyo que necesitas."

Durante la conversación, calibras continuamente:

- ¿Esta persona está escuchando o está defendiéndose internamente?
- ¿Está procesando lo que digo o está abrumada?
- ¿Hay momentos donde se cierra y momentos donde se abre?

Ajustas en tiempo real:

- Si notas cierre, pausas: "Noté que cuando mencioné X, algo cambió. ¿Qué pasó?"
- Si notas apertura, profundizas: "Parece que esto resuena. ¿Qué estás pensando?"

Resultado: La conversación se siente colaborativa en lugar de jerárquica. El empleado sale sintiendo que fue escuchado y que hay un plan conjunto, no solo feedback descendente.

Aplicación 2: Negociación

Contexto: Estás negociando términos de un acuerdo con un cliente.

Enfoque sin calibración:

Presentas tu propuesta lógicamente. Anticipas objeciones y las abordas. Argumentas tu posición convincentemente.

El cliente escucha, hace algunas preguntas, pero algo se siente... estancado. No hay movimiento real.

Enfoque con calibración y rapport:

Antes de presentar tu propuesta, inviertes tiempo en entender el estado del cliente:

"Antes de entrar en detalles, ayúdame a entender dónde estás con esto. ¿Qué te tiene preocupado? ¿Qué sería un resultado ideal para ti?"

Escuchas no solo el contenido, sino cómo lo expresan:

- ¿Están enfocados en riesgo o en oportunidad?
- ¿Están preocupados por costo o por valor?
- ¿Necesitan detalle o concepto general primero?

Ajustas tu presentación según lo que calibraste:

Si están enfocados en riesgo: "Entiendo que minimizar riesgo es crítico.

Déjame mostrarte cómo esta estructura protege específicamente contra los riesgos que mencionaste."

Si necesitan detalle: "Voy a darte el nivel de detalle que necesitas para sentirte cómodo. Detente en cualquier momento si necesitas que profundice en algo."

Durante la negociación, calibras sus reacciones:

- ¿Cuándo se relajan y cuándo se tensan?
- ¿Qué puntos generan resistencia y cuáles generan apertura?

Resultado: En lugar de "vender" tu posición, están colaborando para encontrar términos que ambos puedan aceptar. El rapport facilita honestidad mutua sobre lo que realmente importa.

Aplicación 3: Dar feedback

Contexto: Necesitas dar feedback constructivo a un colega.

Enfoque sin calibración:

Usas la técnica de "sandwich" (positivo-negativo-positivo) porque te enseñaron que eso funciona. Dices lo que preparaste.

Resultado: El colega capta el feedback negativo pero no el contexto. Se siente como crítica envuelta en elogios falsos.

Enfoque con calibración y rapport:

Empiezas observando el estado del colega:

- ¿Está relajado o tenso?
- ¿Está abierto a feedback o a la defensiva?

Ajustas tu apertura según lo que observas:

"Quiero darte feedback sobre la presentación de ayer. ¿Es buen momento, o prefieres que hablemos más tarde cuando tengas más espacio mental?"

Durante el feedback, calibras cómo está recibiendo la información:

- ¿Está procesando o cerrándose?
- ¿Necesita pausa para reflexionar o quiere continuar?

Si notas que se está cerrando, pausas: "Noté que cuando mencioné X, algo cambió. Quiero asegurarme de que esto se sienta útil, no atacante. ¿Cómo estás recibiendo esto?"

Si notas apertura, profundizas: "Veo que estás asintiendo. ¿Esto coincide con algo que ya estabas pensando?"

Resultado: El feedback se recibe como colaboración para mejorar, no como juicio. El rapport crea el contenedor seguro donde el feedback puede procesarse constructivamente.

Aplicación 4: Networking profesional

Contexto: Estás en un evento de networking intentando construir conexiones profesionales.

Enfoque sin calibración:
Tienes un "elevator pitch" preparado. Lo dices a cada persona que conoces. Haces las preguntas convencionales. Intercambias tarjetas.
Resultado: Conexiones superficiales que no van a ningún lado.

Enfoque con calibración y rapport:
En lugar de ejecutar un guion, estás presente con cada persona:
Observas:

- ¿Esta persona está disfrutando el evento o está incómoda?
- ¿Está buscando conectar o cumpliendo obligación?
- ¿Qué parece genuinamente interesarle?

Ajustas según lo que observas:
Si alguien parece incómodo en el evento: "Estos eventos pueden ser agotadores, ¿verdad? ¿Qué te trajo aquí?"
Si alguien parece genuinamente interesado en conversación: Te olvidas de tu pitch y simplemente tienes una conversación real sobre intereses mutuos.
Resultado: Unas pocas conexiones genuinas que pueden desarrollarse, en lugar de muchas conexiones superficiales que se olvidan.

Elementos comunes en estos ejemplos

Nota que en todos los casos:

1. **La calibración precede al ajuste** —observas antes de actuar
2. **El ajuste es responsivo, no mecánico** —respondes a lo que realmente está pasando
3. **La presencia es continua** —no es "establece rapport al inicio y luego procede con tu agenda"
4. **La autenticidad se mantiene** —nunca pierdes tu voz propia
5. **El rapport sirve a un propósito mayor** —facilita comunicación efectiva, no es el objetivo en sí

PRÁCTICA DE LA HABILIDAD (GIMNASIO DE CALIBRACIÓN)

Estos ejercicios desarrollarán tu capacidad de calibración, que es la base del rapport auténtico.

Ejercicio 1: Rastreo de micro-shifts en compromiso

Durante conversaciones esta semana, practica notar el momento exacto cuando el compromiso de alguien cambia:

- ¿Cuándo su atención se enfoca más?
- ¿Cuándo se distrae levemente?
- ¿Qué dijiste justo antes de que ocurriera el cambio?

No hagas nada con esta información todavía. Solo practica notar.
Al final del día, reflexiona:

- ¿Qué patrones noté?
- ¿Ciertos temas generaban consistentemente más o menos compromiso?
- ¿Ciertas personas mostraron patrones diferentes?

Propósito: Desarrollar sensibilidad a las fluctuaciones sutiles de atención y compromiso que la mayoría de las personas no notan.

Qué estás entrenando: Percepción calibrada —la capacidad de detectar cambios sutiles en tiempo real.

Ejercicio 2: Observación de congruencia

En reuniones o conversaciones, practica notar cuándo las palabras de alguien no coinciden completamente con su tono o lenguaje corporal:

- Dicen "sí" pero su voz carece de convicción
- Dicen "no hay problema" pero su postura está tensa
- Dicen "estoy de acuerdo" pero su expresión facial sugiere dudas

No confrontes cada incongruencia. Solo practica notarlas.
Ocasionalmente, cuando el contexto sea apropiado y la relación lo permita, verifica suavemente: "Dijiste que estás de acuerdo, pero noté cierta reserva. ¿Hay algo que te preocupa que no hemos abordado?"

Propósito: Desarrollar la habilidad de leer más allá de las palabras superficiales para captar el mensaje completo.

Qué estás entrenando: Lectura de congruencia —la capacidad de detectar cuando diferentes canales comunicativos envían mensajes diferentes.

Ejercicio 3: Experimentación con ajuste de ritmo

Elige una conversación de bajo riesgo (café con colega, conversación informal) y experimenta deliberadamente con ajustar tu ritmo de habla:

Primero, habla a tu ritmo natural. Observa cómo fluye la conversación.

Luego, si la otra persona habla más lento que tú, reduce deliberadamente tu ritmo. Nota qué pasa.

Si habla más rápido que tú, aumenta tu ritmo. Nota qué pasa.

Reflexiona después:

- ¿El ajuste mejoró fluidez conversacional?
- ¿Se sintió natural o forzado?
- ¿Qué aprendiste sobre tu ritmo habitual y cómo afecta a otros?

Propósito: Desarrollar flexibilidad en tu expresión sin perder autenticidad.

Qué estás entrenando: Adaptabilidad conversacional —la capacidad de modular tu expresión según el contexto sin sentirte falso.

CONCLUSIÓN PROFESIONAL DEL CAPÍTULO

El rapport no es una técnica que ejecutas. Es una cualidad de relación que emerge cuando ciertas condiciones están presentes: presencia genuina, calibración precisa, y ajuste responsivo.

La caricatura del rapport —imitar posturas, copiar gestos, reflejar palabras mecánicamente— no solo es inefectiva sino contraproducente. Te convierte en un robot social que la gente detecta y desconfía.

El rapport auténtico se construye mediante:

Calibración: La capacidad de observar con precisión el estado de la otra persona, los shifts en la conversación, las incongruencias entre palabras y tono, el ritmo y energía que están trayendo.

Ajuste: La capacidad de modular tu expresión —ritmo, intensidad energética, formalidad, expresividad— según lo que calibraste, sin perder tu autenticidad.

Presencia: La capacidad de estar genuinamente ahí, con atención completa en la otra persona y en la conversación, no en la técnica que estás ejecutando o en lo que vas a decir después.

Esto no es magia. Es habilidad desarrollable mediante práctica sostenida de observación y ajuste reflexivo.

Los riesgos del rapport incluyen sobre-adaptación hasta perder autenticidad, usarlo para evadir consentimiento, confundirlo con acuerdo o amistad, ignorar dinámicas de poder, o convertirlo en objetivo en lugar de medio.

La regla fundamental es: autenticidad sobre técnica. Si estás ejecutando rapport mecánicamente, detente. Reconecta con presencia genuina. Es mejor tener menos rapport técnico pero mayor autenticidad.

En contextos profesionales —liderazgo, negociación, feedback, networking— el rapport auténtico facilita que las conversaciones difíciles sean productivas, que las negociaciones complejas encuentren soluciones mutuamente beneficiosas, que el feedback se reciba constructivamente, y que las conexiones superficiales se profundicen.

Pero el rapport no sustituye competencia técnica, argumentos sólidos, o soluciones bien diseñadas. Facilita que esas cosas se comuniquen y se reciban efectivamente.

La ironía final es que mientras menos intentes "hacer" rapport técnicamente, y mientras más simplemente estés presente con calibración y ajuste natural, más rapport genuino tenderás a generar.

Las personas no confían en técnicas. Confían en presencia, atención, y respeto. El rapport auténtico es simplemente la manifestación conversacional de esas cualidades.

Esta habilidad se desarrolla con práctica deliberada: observando micro-shifts, notando incongruencias, experimentando con ajustes, reflexionando sobre qué funcionó y qué no.

Con el tiempo, la calibración se vuelve automática. El ajuste se siente natural. Y el rapport emerge sin esfuerzo consciente, como resultado de simplemente estar completamente presente con otra persona.

Eso no es técnica. Es competencia humana fundamental que te hará más efectivo en prácticamente cualquier contexto profesional donde la comunicación y la relación importan.

CAPÍTULO 7
EL ARTE DEL REENCUADRE: CAMBIANDO PERSPECTIVAS PARA DESBLOQUEAR CONVERSACIONES

Un equipo de proyecto llevaba tres reuniones consecutivas discutiendo el mismo problema sin avanzar. El director de producto insistía: "Necesitamos más recursos para hacer esto bien." El CFO respondía: "No tenemos presupuesto para más recursos." El director rebatía: "Entonces no podemos cumplir con los estándares de calidad." El CFO replicaba: "Tenemos que trabajar con lo que tenemos."

Vuelta tras vuelta, el mismo argumento. Ambas posiciones eran lógicas dentro de su propio marco de referencia. El director veía el problema como "recursos insuficientes." El CFO lo veía como "restricciones presupuestarias inmovibles." Ambos argumentaban desde dentro de sus respectivos marcos sin cuestionarlos.

En la cuarta reunión, la gerente de operaciones intervino con una pregunta simple: "¿Qué pasaría si en lugar de preguntarnos 'cómo hacemos todo con más recursos,' nos preguntáramos 'cuáles funcionalidades son absolutamente críticas para la primera versión y cuáles podemos diferir?'"

El silencio que siguió fue revelador. Nadie había considerado que el problema no era necesariamente "recursos insuficientes" sino posiblemente "alcance mal priorizado." Al cambiar el marco de "cómo conseguimos más" a "qué es verdaderamente esencial," toda la conversación se desbloqueó. En treinta minutos llegaron a un plan que ambos podían aceptar.

Esto es reencuadre: cambiar el marco interpretativo dentro del cual se está viendo una situación, lo cual cambia qué soluciones parecen posibles y qué acciones parecen razonables.

En otro contexto, un gerente recibía resistencia constante de un empleado cada vez que proponía nuevas iniciativas. El gerente interpretaba esta resistencia como "actitud negativa" y había comenzado a evitar incluir al empleado en decisiones importantes. La relación se deterioraba.

Un colega observó algo diferente: "Cada vez que él plantea objeciones, menciona riesgos específicos y concretos. No está siendo negativo. Está siendo cauteloso. Tal vez no es resistencia sino evaluación de riesgo."

El gerente reencuadró mentalmente: de "empleado negativo que resiste cambio" a "empleado cauteloso que identifica riesgos." Con ese nuevo marco, el comportamiento del empleado parecía valioso en lugar de problemático. En la siguiente reunión, el gerente dijo: "Valoro que siempre identifiques riesgos que otros no ven. Necesito esa perspectiva. ¿Cómo podemos estructurar estas conversaciones para que tus preocupaciones se aborden sin frenar el progreso?"

La dinámica cambió inmediatamente. El empleado no cambió su comportamiento, pero el significado de ese comportamiento cambió, y con ello cambió la relación completa.

Estos escenarios ilustran un patrón común en contextos profesionales: las personas quedan atrapadas no porque los problemas sean insolubles, sino porque están viendo el problema desde un marco que hace que ciertas soluciones sean invisibles. Cambiar el marco no resuelve mágicamente el problema, pero hace aparecer opciones que antes no existían.

LA FALSA PROMESA (REENCUADRAR NO ES "PENSAR EN POSITIVO")

Antes de explorar qué es realmente el reencuadre, necesitamos desmontar la versión degradada que probablemente has encontrado.

La caricatura del reencuadre: positividad tóxica

La versión popular del reencuadre suena así:

"No pienses en eso como un problema. Piénsalo como una oportunidad."

"Todo pasa por algo."

"Al menos no es peor."

"Mira el lado positivo."

Esta no es reencuadre genuino. Es minimización emocional disfrazada de optimismo. Y es profundamente invalidante.

Por qué esto falla profesionalmente:

1. Invalida experiencia legítima

Cuando alguien está experimentando frustración, preocupación o molestia genuinas, decirles que "vean el lado positivo" comunica: "Tu experiencia no es válida. Deberías sentir algo diferente."

Ejemplo: Empleado: "Estoy agotado. Este proyecto nos está consumiendo." Líder: "Piensa en todo lo que estás aprendiendo. Es una gran oportunidad de crecimiento."

El empleado no se siente escuchado. Se siente minimizado. La preocupación legítima sobre burnout acaba de ser descartada como perspectiva incorrecta.

2. Daña confianza

Cuando usas reencuadre como estrategia para hacer que las personas dejen de quejarse o dejen de sentir lo que sienten, pierden confianza en que te importa su experiencia real.

Con el tiempo, aprenden a no compartir preocupaciones contigo porque anticipan que serán reencuadradas en lugar de escuchadas.

3. Ignora problemas reales

A veces las cosas son objetivamente problemáticas. No hay "lado positivo" útil. Pretender que sí lo hay es negación, no reencuadre.

Si un proyecto está objetivamente mal gestionado, con recursos insuficientes y expectativas irreales, decir "esto es una oportunidad para mostrar resiliencia" no ayuda. Es evasión de responsabilidad de abordar los problemas estructurales reales.

El problema con "todo pasa por algo"

Esta frase, común en círculos de autoayuda, es particularmente problemática en contextos profesionales.

Implica que hay alguna lógica cósmica que justifica cada problema. Esto no solo es filosóficamente cuestionable, sino que profesionalmente es paralizante: si todo pasa "por algo," entonces no hay necesidad de analizar causas reales, identificar responsabilidades, o hacer cambios sistémicos.

Un proyecto falla no "por algo" místico sino por razones identificables: mala planificación, comunicación deficiente, recursos mal asignados. El reencuadre útil no niega esas causas; las examina desde ángulos diferentes para encontrar soluciones.

Por qué esta versión del reencuadre es atractiva (y peligrosa)

La versión degradada del reencuadre es popular porque es simple y reconfortante. Reduce complejidad emocional. Evita el trabajo difícil de sentarse con malestar. Crea una ilusión de control: "si cambias cómo lo ves, todo mejora."

Pero en contextos profesionales, esta simplicidad es peligrosa porque:

- Evita abordar problemas reales que necesitan acción, no reinterpretación
- Erosiona confianza porque las personas sienten que sus preocupaciones no importan
- Genera cinismo cuando la "perspectiva positiva" choca constantemente con realidad problemática

Tu resistencia a esta versión del reencuadre es saludable

Si has experimentado reencuadre como invalidación, o si te has sentido incómodo cuando otros lo usan así, tu resistencia es completamente justificada.

No estás siendo negativo o cínico. Estás respondiendo apropiadamente a una técnica que está siendo mal usada.

El reencuadre real, cuando se hace bien, no invalida experiencia. La honra mientras invita a considerarla desde ángulos adicionales.

LO QUE REALMENTE FUNCIONA (CONTEXTO Y SIGNIFICADO)

El reencuadre genuino no es positividad forzada. Es una intervención cognitiva y lingüística que cambia el marco interpretativo dentro del cual se está entendiendo una situación.

La premisa fundamental: el significado no es fijo

Considera esta situación: Un empleado llega tarde a una reunión.
¿Qué significa eso?

- Podría significar falta de respeto
- Podría significar mala gestión de tiempo
- Podría significar que tuvo una emergencia
- Podría significar que está sobrecargado y las reuniones están mal programadas
- Podría significar que no entiende que la puntualidad es importante en esta cultura organizacional

El hecho objetivo es el mismo: llegó tarde. Pero el significado que le atribuyes determina completamente cómo respondes.

Si lo interpretas como "falta de respeto," tu respuesta será confrontacional. Si lo interpretas como "sobrecarga," tu respuesta será indagación sobre carga de trabajo. Si lo interpretas como "malentendido cultural," tu respuesta será clarificación de expectativas.

El reencuadre consiste en reconocer que el significado no está en el hecho, sino en el marco interpretativo que estás usando para darle sentido al hecho.

Dos tipos principales de reencuadre

1. Reencuadre de contenido: cambiando qué significa algo

Este tipo de reencuadre cambia la interpretación del significado de un comportamiento o situación.

Ejemplo: Marco inicial: "Mi jefe me da feedback constantemente. Significa que no confía en que puedo hacer mi trabajo."

Reencuadre: "Mi jefe me da feedback constantemente. Podría significar que está invirtiendo en mi desarrollo y quiere que tenga éxito."

Nota que no estamos diciendo que el segundo significado sea "correcto" y el primero "incorrecto." Ambos son interpretaciones posibles. El reencuadre simplemente hace visible una interpretación alternativa que puede ser igualmente válida o más útil.

Otro ejemplo: Marco inicial: "Este cliente hace muchas preguntas. Es difícil y demandante."

Reencuadre: "Este cliente hace muchas preguntas. Está profundamente comprometido y quiere asegurarse de que esto funcione bien."

2. Reencuadre de contexto: cambiando en qué situación algo es valioso

Este tipo de reencuadre reconoce que un comportamiento o característica puede ser problemático en un contexto pero valioso en otro.

Ejemplo: Marco inicial: "Este miembro del equipo siempre cuestiona decisiones. Es obstinado y dificulta avanzar."

Reencuadre de contexto: "Es cierto que cuestiona decisiones constantemente. En reuniones de ejecución rápida, eso puede ser frustrante. Pero cuando estamos en fase de planificación estratégica donde necesitamos identificar riesgos, esa misma característica es extremadamente valiosa. Tal vez necesitamos ser más intencionales sobre cuándo involucrarlo."

Otro ejemplo: Marco inicial: "Soy demasiado detallista. Me hace lento."

Reencuadre de contexto: "Eres muy detallista. En trabajo que requiere velocidad y decisiones rápidas, eso puede ser desventaja. Pero en trabajo que requiere precisión y donde los errores son costosos, esa misma característica es fortaleza. El problema no es que seas detallista, sino que tal vez estás aplicando ese nivel de detalle a tareas que no lo requieren."

Cómo el reencuadre cambia opciones disponibles

El poder del reencuadre no está en hacer que las personas se sientan mejor. Está en hacer aparecer acciones que antes parecían imposibles o inapropiadas.

Ejemplo completo:

Situación: Un equipo está atrasado en un proyecto. Hay tensión sobre quién tiene la culpa.

Marco 1: "Alguien falló"

Desde este marco, la conversación se vuelve defensiva. Cada persona explica por qué no es su culpa. La energía se gasta en proteger reputaciones. Las soluciones que aparecen son punitivas: identificar al culpable, establecer consecuencias.

Reencuadre: "El sistema tiene fricción innecesaria"

Desde este marco, la conversación se vuelve analítica. ¿Qué puntos de fricción están ralentizando el trabajo? ¿Qué dependencias están mal coordinadas? ¿Qué suposiciones sobre proceso están obsoletas?

Las soluciones que aparecen son sistémicas: rediseñar flujos de trabajo, mejorar coordinación, actualizar expectativas.

Ambos marcos pueden contener verdad. Tal vez alguien sí falló en algo específico. Pero si te quedas en el marco de "quién tiene culpa," nunca llegas a examinar los factores sistémicos que hicieron que el fallo fuera probable.

El reencuadre no niega el primer marco. Añade un segundo que hace visible un conjunto diferente de soluciones.

El lenguaje del reencuadre: cómo se introduce

El reencuadre efectivo rara vez se impone. Se invita.

Lenguaje que invita reencuadre:
"¿Qué pasaría si miráramos esto desde otro ángulo?"
"Hay otra forma de interpretar esto que podría ser útil..."
"Me pregunto si..."
"¿Podría ser también que...?"
"Entiendo que lo ves así. ¿Sería útil considerar cómo lo ve [otra parte]?"

Lenguaje que impone reencuadre:
"No, en realidad significa..."
"Estás equivocado. Lo que realmente pasa es..."
"No deberías verlo así. Deberías verlo así..."

La diferencia está en si respetas la autonomía interpretativa de la otra persona. El reencuadre invitacional respeta que su marco inicial puede ser válido mientras sugiere que hay otros marcos que también podrían ser útiles de considerar.

Reencuadre como facilitación, no corrección

El mejor reencuadre no te posiciona como quien tiene la "perspectiva correcta" que la otra persona necesita adoptar. Te posiciona como facilitador que ayuda a que múltiples perspectivas se vuelvan visibles.

"Veo que estás interpretando esto como X, y tiene sentido desde tu posición. Desde mi posición, lo veo como Y. Y probablemente [tercera persona] lo ve como Z. ¿Cómo integramos estas perspectivas para encontrar una solución que funcione?"

Esto no es relativismo donde todas las perspectivas son igualmente válidas sin importar evidencia. Es reconocimiento pragmático de que diferentes personas, desde diferentes posiciones, con diferentes información y prioridades, interpretarán las mismas situaciones de maneras diferentes. El reencuadre hace esas diferencias explícitas en lugar de permitir que permanezcan implícitas y generen conflicto.

LÍMITES Y RIESGOS (CUANDO EL REENCUADRE SE VUELVE INVALIDACIÓN)

Como con cualquier herramienta comunicativa potente, el reencuadre puede cruzar líneas éticas si se usa sin criterio.

Riesgo 1: Reencuadrar para evitar responsabilidad

Algunas veces el reencuadre se usa para evadir reconocer problemas reales o asumir responsabilidad.

Ejemplo problemático:

Situación: Un proyecto falló porque el líder no comunicó cambios críticos al equipo.

Líder: "No debemos ver esto como un fallo. Es un aprendizaje valioso sobre la importancia de adaptabilidad."

Esto es evasión. El problema no es que el equipo no fuera adaptable. Es que el líder no comunicó. El reencuadre aquí está siendo usado para desviar atención de responsabilidad clara.

Cuándo el reencuadre se vuelve irresponsable:

Cuando se usa para:

- Negar problemas objetivos que requieren acción
- Evitar que alguien enfrente consecuencias apropiadas de sus acciones
- Minimizar daño real que las personas experimentaron

Riesgo 2: Timing inapropiado

Hay momentos donde el reencuadre, incluso si es técnicamente válido, es emocionalmente inapropiado.

Ejemplo problemático:

Empleado (visiblemente molesto): "Acabo de perder un cliente importante por un error de nuestro sistema. Estoy furioso."

Gerente (inmediatamente): "Pero piensa en todo lo que aprendimos. Ahora podemos mejorar el sistema para que no vuelva a pasar."

El reencuadre puede ser válido. Pero el timing es terrible. La persona necesita primero que su frustración sea reconocida antes de poder considerar perspectivas alternativas.

Principio: Empatía precede reencuadre

Antes de invitar un nuevo marco, necesitas demostrar que entiendes y respetas el marco actual de la persona.

Versión mejorada:

Empleado: "Acabo de perder un cliente importante por un error de nuestro sistema. Estoy furioso."

Gerente: "Tiene sentido que estés furioso. Trabajaste duro con ese cliente y un fallo del sistema arruinó la relación. Eso es frustrante." (Pausa para que la emoción sea reconocida.)

Luego, después de que la emoción haya sido validada: "Cuando estés listo, quiero entender exactamente qué pasó para que podamos asegurarnos de que no vuelva a ocurrir. ¿Qué necesitas de mí en este momento?"

El reencuadre hacia "aprendizaje" puede venir más tarde, cuando hay espacio emocional para ello. No en el momento de frustración aguda.

Riesgo 3: Reencuadre que minimiza experiencias de desigualdad o abuso

Este es particularmente importante en contextos organizacionales donde hay dinámicas de poder.

Ejemplo altamente problemático:
Empleada: "Mi gerente hace comentarios inapropiados sobre mi apariencia. Me siento incómoda."
RRHH: "Tal vez lo está diciendo como cumplido. Algunos gerentes son así. Tal vez eres demasiado sensible."

Este reencuadre es dañino porque:

- Minimiza una experiencia de acoso potencial
- Pone la carga en la persona que experimenta el problema
- Protege al perpetrador en lugar de abordar el comportamiento

El reencuadre no debe usarse para hacer que las personas toleren comportamiento inaceptable o desigualdades sistémicas.

Riesgo 4: Forzar interpretaciones cuando la evidencia es clara

A veces la interpretación más obvia es la correcta. Forzar reencuadres alternativos cuando la evidencia apunta claramente en una dirección es deshonesto.

Ejemplo:
Situación: Un colega sistemáticamente toma crédito por trabajo de otros.
Alguien dice: "Tal vez no se da cuenta. Tal vez simplemente está entusiasmado y se expresa mal."

Si hay un patrón claro y repetido, el reencuadre generoso ("no se da cuenta") es probablemente falso. A veces la interpretación más directa —comportamiento deliberado inapropiado— es la correcta.

El reencuadre debe basarse en plausibilidad, no en optimismo ingenuo.

Riesgo 5: Usar reencuadre para ganar argumentos

Cuando usas reencuadre como táctica para deslegitimar la perspectiva de alguien y establecer la tuya como superior, estás manipulando.

Ejemplo:
Persona A: "Este cambio va a causar problemas. He visto situaciones similares fallar."

Persona B: "Estás siendo negativo. Deberías verlo como oportunidad de innovación."

Esto no es reencuadre colaborativo. Es descalificación. Persona B está usando "reencuadre" para silenciar una objeción legítima.

La regla fundamental: Consentimiento y respeto
El reencuadre ético siempre:

- Respeta el marco original de la persona
- Invita en lugar de imponer
- Timing apropiado (después de validación emocional)
- Está basado en plausibilidad, no en manipulación
- No se usa para evadir responsabilidad o minimizar daño real

APLICACIÓN PRÁCTICA RESPONSABLE

Veamos cómo el reencuadre se aplica en contextos profesionales específicos.

Aplicación 1: Conversaciones de feedback

Situación: Necesitas dar feedback a un empleado sobre un patrón problemático.

Marco inicial del empleado: "No soy bueno en esto. Siempre fallo."

Reencuadre no efectivo (positividad tóxica): "No eres malo. Solo necesitas más confianza. Eres genial."

Esto invalida la experiencia real de dificultad que el empleado está teniendo.

Reencuadre efectivo:
Tú: "Entiendo que te sientes así. Has tenido algunos resultados que no fueron los que esperabas." (Validación.)

"Me pregunto si el marco de 'soy bueno o malo en esto' es el más útil. Tal vez la pregunta más útil es: '¿Qué habilidades específicas necesito desarrollar y cómo las practico?'"

"Por ejemplo, he notado que cuando preparas presentaciones, el contenido es sólido pero la estructura puede ser más clara. Eso no significa que 'seas malo presentando.' Significa que hay una habilidad específica —estructuración narrativa— donde la práctica dirigida te ayudaría."

"¿Cómo te suena pensar en esto como desarrollo de habilidades específicas en lugar de como una deficiencia general?"

Este reencuadre:

- Valida la experiencia de dificultad
- Cambia de marco global ("soy malo") a específico ("habilidad X necesita desarrollo")
- Hace aparecer acción concreta (práctica específica) en lugar de generalización paralizante

Aplicación 2: Resolución de conflicto

Situación: Dos departamentos están en conflicto constante.

Marco de Departamento A: "Departamento B siempre nos bloquea. Son obstáculos."

Marco de Departamento B: "Departamento A es impulsivo e irresponsable. Siempre quieren saltarse procesos importantes."

Ambos están operando desde marcos que posicionan al otro como el problema.

Reencuadre facilitado:

Facilitador: "Escucho que desde la perspectiva de A, B parece estar bloqueando progreso. Y desde la perspectiva de B, A parece estar ignorando riesgos importantes. Ambas preocupaciones son legítimas."

"¿Qué pasaría si reencuadramos esto de 'A vs B' a 'velocidad vs control'? No es que A esté mal por querer velocidad, ni que B esté mal por querer control. Ambas cosas son valiosas. El problema es que no hemos encontrado cómo balancearlas."

"Si el problema es balance entre velocidad y control, ¿qué soluciones aparecen? ¿Cómo podemos diseñar un proceso que permita a A mover rápido en áreas de bajo riesgo mientras mantiene control de B en áreas de alto riesgo?"

Este reencuadre:

- Valida ambas perspectivas
- Cambia de "quién está mal" a "qué necesidades son legítimas"
- Hace aparecer soluciones colaborativas en lugar de ganar/perder

Aplicación 3: Negociación

Situación: Negociación estancada sobre precio.

Marco de comprador: "El precio es demasiado alto."

Marco de vendedor: "El precio es justo dado el valor."

Ambos argumentan dentro de un marco de "precio" sin cuestionar el marco mismo.

Reencuadre hacia valor total:

Vendedor: "Entiendo que el precio es una preocupación. ¿Sería útil si en lugar de enfocarnos solo en precio inicial, miramos el costo total de propiedad? Incluye precio, pero también costos de implementación, mantenimiento, y productividad ganada."

"Algunos de nuestros clientes encontraron que una opción con precio inicial más alto terminó siendo más económica a largo plazo porque redujo otros costos significativamente."

"¿Tiene sentido que analicemos los números completos juntos?"

Este reencuadre:

- No niega la preocupación sobre precio
- Expande el marco de "precio" a "costo total"
- Hace aparecer nuevas variables que pueden cambiar la decisión

Reencuadre alternativo hacia estructura de pago:

Vendedor: "Otra forma de pensar sobre esto: tal vez el problema no es el precio total sino cómo se distribuye el pago. ¿Qué pasaría si estructuramos esto de manera que el costo inicial sea más bajo y el resto se pague según resultados alcanzados?"

Este reencuadre cambia de "¿cuánto?" a "¿cuándo y cómo?"

Aplicación 4: Problem-solving en equipo

Situación: El equipo está atascado en un problema técnico.

Marco inicial: "No tenemos suficiente tiempo para hacer esto bien."

El equipo ha estado argumentando dentro de este marco: algunos dicen "necesitamos más tiempo," otros dicen "no hay más tiempo disponible."

Reencuadre hacia definición de "bien":

Líder: "Entiendo la preocupación sobre tiempo. Es real. ¿Podríamos por un momento cuestionar qué significa 'hacerlo bien'?"

"Si tuviéramos tiempo ilimitado, ¿qué cosas incluiríamos? Y de esas cosas, ¿cuáles son absolutamente críticas para que esto funcione, versus cuáles son 'sería bueno tener'?"

"Tal vez el problema no es que no tenemos suficiente tiempo para hacerlo 'bien' en absoluto. Tal vez el problema es que no hemos definido claramente qué es el mínimo viable que cumple con nuestros estándares de calidad esencial."

Este reencuadre:

- Valida la presión de tiempo
- Cuestiona el concepto implícito de "bien"
- Hace aparecer la opción de priorización rigurosa en lugar de todo-o-nada

Elementos comunes en aplicación efectiva

Nota que en todos los casos:

1. El reencuadre viene después de validación
2. Se presenta como invitación, no como corrección
3. No niega el marco original, lo complementa
4. Hace aparecer opciones concretas de acción
5. Es colaborativo, no combativo

PRÁCTICA DE LA HABILIDAD (GIMNASIO DE PERSPECTIVAS)

Estos ejercicios desarrollarán tu flexibilidad cognitiva y tu capacidad de ver situaciones desde múltiples marcos.

Ejercicio 1: Identificación de marcos implícitos

Durante reuniones o conversaciones esta semana, practica identificar el marco interpretativo que alguien está usando sin hacerlo explícito.
   Pregúntate:

- ¿Qué suposiciones están operando detrás de lo que dicen?
- ¿Qué significa algo dentro de su marco?
- ¿Qué soluciones son visibles desde ese marco y cuáles son invisibles?

No intervengas. Solo practica ver los marcos.
Al final del día, reflexiona:

- ¿Qué marcos noté?
- ¿Había marcos alternativos que podrían haber sido útiles?
- ¿Cómo habría cambiado la conversación si alguien hubiera invitado un marco diferente?

   Propósito: Desarrollar la capacidad de ver marcos interpretativos en lugar de solo ver contenido.
   Qué estás entrenando: Metacognición interpretativa —la capacidad de notar cómo las personas están construyendo significado.

Ejercicio 2: Generación de reencuadres alternativos

Toma una situación reciente donde tuviste una interpretación fuerte sobre algo que pasó.

Escribe tu interpretación inicial.

Luego, fuerza la generación de al menos tres interpretaciones alternativas que también sean plausibles dada la evidencia disponible.

No necesitas creer las alternativas. Solo necesitas practicar generarlas.

Ejemplo:

Situación: Un colega no respondió a tu email en dos días.

Interpretación inicial: "Está ignorándome intencionalmente. Probablemente está molesto conmigo."

Alternativas:

1. "Está abrumado con urgencias y mi email se le perdió en su bandeja."
2. "Necesita consultar con alguien más antes de responder y esa persona no está disponible."
3. "Mi email no fue claro sobre que necesitaba respuesta, así que no priorizó responder."

Propósito: Entrenar tu cerebro a generar interpretaciones alternativas automáticamente en lugar de fijarse en la primera.

Qué estás entrenando: Flexibilidad interpretativa —la capacidad de ver múltiples significados posibles.

Ejercicio 3: Práctica de reencuadre invitacional

En una conversación de bajo riesgo donde alguien comparta una interpretación que parece limitante, practica invitar un reencuadre.

Usa lenguaje como:

- "Me pregunto si hay otra forma de verlo..."
- "¿Qué pasaría si lo miráramos desde [otro ángulo]?"
- "¿Podría ser también que...?"

Después, nota:

- ¿Cómo respondió la persona?
- ¿El reencuadre abrió o cerró la conversación?
- ¿Qué hizo que el reencuadre fuera bien o mal recibido?

Propósito: Practicar el lenguaje y timing del reencuadre invitacional en contextos reales.

Qué estás entrenando: Habilidad de facilitar cambios de perspectiva sin imposición.

CONCLUSIÓN PROFESIONAL DEL CAPÍTULO

El reencuadre no es positividad forzada. No es decirle a las personas que vean el lado bueno cuando enfrentan problemas reales. No es manipulación lingüística para ganar argumentos.

El reencuadre genuino es la capacidad de reconocer que el significado no está fijo en las situaciones mismas, sino en los marcos interpretativos que usamos para darles sentido.

Diferentes marcos hacen visibles diferentes soluciones. Cuando una conversación está atascada, a menudo no es porque el problema sea insoluble, sino porque todos están argumentando desde dentro del mismo marco sin cuestionarlo.

Los dos tipos principales de reencuadre son:

Reencuadre de contenido: Cambiar qué significa algo. "No es resistencia, es evaluación de riesgo." "No es conflicto de personalidades, es diferencia de prioridades."

Reencuadre de contexto: Cambiar en qué situación algo es valioso. "Esa característica es desventaja aquí, pero sería fortaleza en este otro contexto."

El poder del reencuadre no está en negar marcos existentes sino en expandir el conjunto de marcos disponibles. No se trata de decir "estás equivocado en cómo lo ves." Se trata de decir "tu forma de verlo es una opción. ¿Qué pasa si también consideramos esta otra?"

Los riesgos del reencuadre incluyen usarlo para evadir responsabilidad, timing inapropiado antes de validar emoción, minimizar experiencias de desigualdad o abuso, forzar interpretaciones implausibles, y usarlo como táctica para ganar argumentos.

El reencuadre ético siempre:

- Valida el marco original antes de invitar uno nuevo
- Se presenta como invitación, no imposición
- Timing apropiado (después de reconocimiento emocional)
- Basado en plausibilidad
- No se usa para evadir problemas reales

En contextos profesionales —feedback, conflicto, negociación, problem-solving— el reencuadre efectivo hace aparecer opciones que antes eran invisibles. Transforma conversaciones de ganar/perder a colaboración. Convierte atasco en movimiento.

Pero requiere humildad: reconocer que tu propio marco también es solo una perspectiva, no verdad absoluta. Requiere empatía: entender genuinamente el marco del otro antes de invitar alternativas. Y requiere criterio: saber cuándo un reencuadre es útil versus cuándo es invalidación.

Los profesionales maduros no solo manejan argumentos. Manejan marcos de significado. Entienden que antes de poder resolver un problema, a menudo necesitas reencuadrar cómo se está entendiendo el problema.

Esta es una habilidad de liderazgo fundamental: la capacidad de ayudar a grupos atascados a ver sus situaciones desde ángulos nuevos que hacen posible el progreso.

Se desarrolla mediante práctica deliberada: notando marcos implícitos, generando interpretaciones alternativas, experimentando con reencuadres invitacionales, y reflexionando sobre qué funciona y qué no.

Con el tiempo, la flexibilidad de marcos se vuelve natural. Ya no estás atrapado en una sola forma de ver las cosas. Puedes moverte fluidamente entre perspectivas, ayudando a otros a hacer lo mismo.

Eso no es relativismo donde todas las perspectivas son igualmente válidas. Es sofisticación cognitiva: entender que la misma realidad puede interpretarse de múltiples maneras, y que elegir el marco más útil para el contexto es una forma de inteligencia práctica.

El reencuadre, cuando se hace bien, no cambia la realidad. Cambia qué acciones parecen posibles frente a esa realidad. Y en contextos profesionales complejos, eso puede ser la diferencia entre atasco y progreso.

CAPÍTULO 8
ANCLAJE DE ESTADOS: CÓMO GESTIONAR TU FISIOLOGÍA PARA TOMAR MEJORES DECISIONES BAJO PRESIÓN

Una directora ejecutiva con quince años de experiencia se preparó meticulosamente para una presentación ante la junta directiva. Conocía los números de memoria. Había anticipado cada pregunta difícil. Había ensayado múltiples veces. Entró a la sala confiada.

Cinco minutos después, todo se derrumbó.

Una pregunta inesperada y hostil de uno de los miembros de la junta la desestabilizó. Sintió su corazón acelerarse. Su mente, que momentos antes era clara y articulada, se volvió lenta y defensiva. Tartamudeó en una respuesta que no reflejaba su competencia real. El resto de la presentación fue un esfuerzo por recuperar compostura que nunca volvió completamente.

Después, reflexionando sobre lo que pasó, se sintió frustrada consigo misma. "Sabía las respuestas. Lo había preparado todo. ¿Por qué mi cerebro dejó de funcionar?"

La respuesta es que la competencia técnica no existe en el vacío. Existe dentro de un estado fisiológico y emocional. Cuando ese estado se deteriora bajo presión, tu acceso a tus propias capacidades cognitivas se reduce dramáticamente.

Este patrón se repite constantemente en contextos profesionales de alto rendimiento:

Un negociador experimentado entra a una conversación crítica. La otra parte toma una postura agresiva inesperada. El negociador, que normalmente es estratégico y calmado, se pone a la defensiva y reactivo. Acepta términos que después reconoce como desfavorables. No porque no supiera negociar mejor, sino porque su estado no le permitió acceder a ese conocimiento en el momento.

Un líder necesita tener una conversación difícil con un empleado sobre rendimiento. Ha preparado lo que va a decir. Pero cuando la conversación comienza y el empleado se emociona, el líder siente tanta incomodidad que acelera la conversación, omite puntos importantes, y termina sin haber logrado claridad. La incomodidad fisiológica dictó el comportamiento más que la preparación.

Un consultor presenta propuestas en reuniones todo el tiempo sin problema. Pero cuando presenta ante ciertos clientes específicos —aquellos donde hay mucho en juego o donde ha habido tensión previa— su ansiedad aumenta al punto de afectar su claridad verbal y su presencia. Su competencia no cambia. Su estado sí.

La capacidad de gestionar tu propio estado —tu nivel de activación fisiológica, tu claridad mental, tu presencia emocional— no es un lujo para profesionales particularmente sensibles. Es una habilidad fundamental para cualquiera que necesite rendir bajo presión, tomar decisiones en contextos de incertidumbre, o mantener presencia durante conversaciones difíciles.

Este capítulo trata sobre una de las técnicas más prácticas de PNL para autorregulación: el anclaje de estados. Pero como verás, la versión popular de esta técnica es una caricatura que promete control mágico sobre emociones. La versión real es más modesta pero mucho más útil.

LA FALSA PROMESA (EL "BOTÓN MÁGICO" EMOCIONAL)

Si has explorado PNL o coaching, probablemente has escuchado descripciones del anclaje que suenan así:

"Puedes crear un ancla que te haga sentir instantáneamente confiado cada vez que lo actives."

"Elimina el miedo antes de presentaciones usando un simple gesto."

"Programa tu mente para acceder a cualquier estado emocional que necesites, cuando lo necesites."

Esta narrativa vende el anclaje como un botón mágico: creas una asociación entre un estímulo (un gesto, una palabra, un toque físico) y un estado emocional, y luego puedes invocar ese estado instantáneamente activando el estímulo.

Por qué esta promesa es engañosa

Problema 1: Sobrestima el control sobre emociones

Las emociones no funcionan como interruptores que puedes encender y apagar a voluntad. Son respuestas psicofisiológicas complejas que involucran múltiples sistemas corporales y que están profundamente integradas con tu evaluación cognitiva de la situación.

Puedes influir en tus emociones. No puedes controlarlas completamente.

Pretender que sí crea expectativas irreales que llevan a frustración y auto-culpa cuando el "ancla mágica" no funciona.

Problema 2: Ignora que los estados son contextualmente sensibles

Un ancla creada en un contexto de calma (por ejemplo, en tu casa practicando una técnica) no necesariamente funcionará igual en un contexto de alta presión (una negociación tensa, una presentación con audiencia hostil).

El contexto importa. El nivel de activación fisiológica importa. La naturaleza del estresor importa. Una técnica que funciona bien para regular ansiedad leve antes de una reunión puede ser completamente insuficiente para regular ansiedad severa durante una crisis.

Problema 3: Confunde asociación simple con condicionamiento robusto

Los programas de PNL a menudo enseñan que puedes crear un ancla efectiva en una sola sesión: recuerdas un momento de confianza, intensificas la emoción, y asocias un gesto con esa emoción. Listo.

La investigación sobre condicionamiento clásico muestra que las asociaciones robustas requieren repetición, consistencia y refuerzo en múltiples contextos. Una asociación creada una vez es frágil y fácilmente extinguida.

Problema 4: Puede promover supresión emocional

Si enseñas a las personas que pueden "eliminar" miedo, ansiedad o incomodidad con un ancla, implícitamente estás comunicando que esas emociones son problemas a eliminar.

Pero las emociones son señales informativas. El miedo puede estar indicando riesgo real que necesitas atender. La ansiedad puede estar señalando que necesitas más preparación. La incomodidad puede estar indicando que algo no está bien en una situación.

Usar anclaje para suprimir sistemáticamente emociones incómodas puede hacerte menos capaz de responder apropiadamente a señales importantes.

Problema 5: Genera auto-culpa cuando no funciona

"Si el ancla no funciona, es porque no lo hiciste correctamente." "Si sigues sintiendo ansiedad, es porque tu anclaje no es suficientemente fuerte."

Esta lógica pone toda la responsabilidad en el practicante y no reconoce que hay situaciones donde ninguna técnica de autorregulación será suficiente, o donde la respuesta emocional es apropiada y no debe ser suprimida.

Tu escepticismo es información válida

Si intentaste técnicas de anclaje que no funcionaron como prometían, o si la idea de "controlar emociones con un gesto" te parece demasiado simple, tu escepticismo es completamente razonable.

El problema no es que el anclaje sea inútil. El problema es que la versión popular sobrepromete y mal representa cómo funciona realmente.

LO QUE REALMENTE FUNCIONA (ESTADO, FISIOLOGÍA Y ATENCIÓN)

Entonces, ¿qué es realmente el anclaje cuando se despoja de las promesas exageradas?

Es una aplicación práctica de condicionamiento asociativo: crear conexiones deliberadas entre estímulos específicos y estados fisiológicos-emocionales, mediante repetición y práctica, de manera que esos estímulos puedan facilitar (no garantizar) el acceso a esos estados cuando los necesites.

La relación entre cuerpo, atención, emoción y rendimiento

Para entender cómo funciona el anclaje, necesitas entender primero cómo se relacionan estado fisiológico, estado emocional y rendimiento cognitivo.

El estado influye en el rendimiento

Tu capacidad de pensar claramente, tomar decisiones complejas, acceder a tu memoria, regular impulsos, y mantener perspectiva amplia varía según tu estado fisiológico y emocional actual.

En estados de alta activación fisiológica (estrés agudo, ansiedad, ira):

- Tu atención se estrecha (enfoque en amenaza, pérdida de perspectiva amplia)
- Tu pensamiento se vuelve más binario (menos matices, más blanco/negro)
- Tu acceso a memoria y conocimiento complejo se reduce
- Tus respuestas se vuelven más automáticas y menos deliberadas

En estados de calma y presencia:

- Tu atención es más flexible (puedes cambiar foco según necesidad)
- Tu pensamiento es más matizado (puedes considerar opciones múltiples)
- Tienes mejor acceso a tu conocimiento y experiencia
- Puedes regular tus respuestas deliberadamente

Esto no es defecto personal. Es arquitectura evolutiva. En situaciones de amenaza real, necesitas respuestas rápidas y enfocadas. El problema es que tu sistema nervioso no siempre distingue entre amenaza física (tigre) y amenaza social/profesional (presentación importante, conflicto con jefe).

El cuerpo y la mente no están separados

Tu estado emocional no es solo "mental." Tiene componentes fisiológicos profundos: frecuencia cardíaca, tensión muscular, patrones de respiración, niveles de cortisol, activación del sistema nervioso simpático o parasimpático.

Estos componentes fisiológicos no solo son efectos de la emoción. También la influyen. Hay bucles de retroalimentación continuos.

Ejemplo: Si tu respiración es rápida y superficial, eso señala a tu cerebro que hay algo amenazante, lo cual genera más ansiedad, lo cual acelera más tu respiración. Es un ciclo.

Pero también funciona en reversa: si deliberadamente reduces tu frecuencia respiratoria y respiras más profundamente, eso activa tu sistema nervioso parasimpático (respuesta de calma), lo cual reduce señales de amenaza, lo cual facilita que tu ansiedad disminuya.

No estás "controlando" la emoción directamente. Estás influenciando uno de sus componentes fisiológicos, lo cual indirectamente influencia la emoción completa.

La atención puede dirigirse deliberadamente

Aunque no puedes controlar completamente tus emociones, sí puedes dirigir tu atención. Y donde diriges tu atención influye en tu estado.

Si estás ansioso antes de una presentación y enfocas tu atención en todos los escenarios negativos posibles, amplificarás la ansiedad. Si deliberadamente diriges tu atención a tu respiración, o a recuerdos de presentaciones anteriores que salieron bien, o a preparación concreta, puedes modular la intensidad de la ansiedad.

No la eliminas. Pero la haces más manejable.

Condicionamiento asociativo: Cómo funciona el anclaje

El concepto de anclaje se basa en condicionamiento clásico, un fenómeno bien documentado en psicología desde Pavlov.

Principio básico: Si un estímulo neutral se presenta repetidamente junto con un estado particular (emocional, fisiológico), eventualmente ese estímulo por sí solo puede evocar elementos de ese estado.

Ejemplo cotidiano: Escuchas una canción que estaba sonando durante un momento muy feliz de tu vida. Años después, escuchar esa canción puede evocar algo de la emoción que sentías entonces. La canción se "ancló" a ese estado.

Esto no significa que la canción te haga sentir exactamente igual. Significa que hay una asociación que facilita el acceso a elementos de ese estado.

Anclaje deliberado: En lugar de dejar que estas asociaciones se formen accidentalmente, puedes crearlas deliberadamente.

Proceso básico (simplificado):

1. Identificas un estado que te sería útil acceder en contextos específicos (por ejemplo, calma centrada antes de presentaciones)

2. Identificas un estímulo que puedes controlar completamente (un gesto físico específico como tocar tu pulgar e índice, una palabra interna, una imagen mental)

3. Practicas entrar en ese estado útil (mediante recuerdo, respiración, visualización, o cualquier método que funcione para ti)

4. Cuando estás genuinamente en ese estado, aplicas el estímulo

5. Repites este proceso múltiples veces en diferentes contextos

Con repetición suficiente, el estímulo se asocia con el estado. Eventualmente, usar el estímulo puede facilitar (no garantizar) el acceso a elementos de ese estado incluso cuando no estás en él naturalmente.

Por qué "facilitar" no es "garantizar"

Esta distinción es crítica.

El anclaje no crea un interruptor que activa un estado instantáneamente. Crea una asociación que hace más probable que puedas acceder a elementos de ese estado cuando usas el estímulo.

Si estás en ansiedad moderada y usas un ancla bien practicada, puede ayudarte a reducir la intensidad y recuperar algo de calma. Si estás en pánico completo, el ancla probablemente será insuficiente porque el nivel de activación fisiológica es demasiado alto.

El anclaje es más efectivo para:

- Regular estados moderados, no extremos
- Transiciones (ayudar a entrar a un estado útil, o salir de uno problemático)
- Contextos donde tienes algo de control sobre la situación

Es menos efectivo para:

- Crisis emocionales agudas
- Trastornos de ansiedad clínicos

- Situaciones donde la respuesta emocional es apropiada y adaptativa

Elementos que hacen que el anclaje funcione mejor

Basado en investigación sobre condicionamiento y experiencia práctica, estos factores aumentan la probabilidad de que un ancla sea útil:

1. Repetición consistente

Una asociación creada una vez es débil. Una asociación reforzada 20, 50, 100 veces en múltiples contextos es más robusta.

2. Especificidad del estímulo

El estímulo que usas como ancla debe ser algo que puedas replicar exactamente cada vez. "Tocar mi pulgar e índice de cierta manera" es específico. "Sentirme bien" es vago.

3. Estado genuino durante el anclaje

Si estás fingiendo el estado o simplemente recordándolo débilmente, la asociación será débil. Necesitas estar genuinamente en el estado cuando creas/refuerzas el ancla.

4. Práctica en contextos variados

Un ancla practicada solo en tu casa, en calma, no necesariamente funcionará en una sala de juntas bajo presión. Practica gradualmente en contextos cada vez más cercanos al contexto real donde la necesitarás.

5. Integración con otras estrategias de regulación

El anclaje funciona mejor como parte de un repertorio de estrategias de autorregulación (respiración, atención dirigida, reencuadre cognitivo, preparación física), no como técnica aislada.

LÍMITES Y RIESGOS (CUANDO EL ANCLAJE FALLA)

Como con cualquier técnica de autorregulación, el anclaje tiene límites claros que necesitas respetar.

Límite 1: No funciona para estados extremos

Si estás experimentando pánico agudo, ansiedad severa, o cualquier estado emocional extremo, es poco probable que un ancla por sí sola sea suficiente para regularte.

En esos momentos, necesitas estrategias más básicas: retirarte físicamente de la situación si es posible, enfocarte en respiración básica, buscar apoyo de alguien de confianza.

El anclaje es más útil para prevención (entrar a situaciones de presión en un estado más centrado) y para regulación de estados moderados, no para crisis.

Límite 2: No sustituye preparación técnica

Ninguna cantidad de gestión de estado sustituye preparación real. Si no conoces tu material, si no has anticipado preguntas difíciles, si no has practicado tu habilidad, el anclaje no te salvará.

El anclaje facilita que accedas a tu competencia existente bajo presión. No crea competencia donde no existe.

Límite 3: Algunas emociones no deben suprimirse

No todas las emociones incómodas son problemáticas. Algunas son señales importantes que necesitas atender.

Si sientes ansiedad antes de una presentación que no preparaste adecuadamente, esa ansiedad es información útil: necesitas prepararte más. Usar anclaje para suprimir esa ansiedad sin abordar la falta de preparación es contraproducente.

Si sientes incomodidad en una situación porque algo está mal (comportamiento inapropiado, violación de límites, riesgo real), esa incomodidad es adaptativa. No debes suprimirla.

La pregunta siempre debe ser: ¿Esta emoción es desproporcionada a la situación real, o es una respuesta apropiada que necesito escuchar?

Límite 4: No funciona para todos igualmente

Hay variabilidad individual significativa en cuánto control deliberado las personas pueden ejercer sobre sus estados fisiológicos.

Algunas personas responden muy bien a técnicas de autorregulación como anclaje, respiración o visualización. Otras encuentran estas técnicas menos útiles y necesitan estrategias diferentes (ejercicio físico, conversación verbal, cambio de entorno).

Si intentas anclaje honestamente y no funciona para ti, no eres defectuoso. Simplemente necesitas encontrar otras estrategias de regulación.

Riesgo 1: Supresión emocional crónica

Si usas anclaje (o cualquier técnica de regulación) para suprimir sistemáticamente emociones incómodas sin procesarlas, estás creando un problema a largo plazo.

Las emociones no procesadas no desaparecen. Se acumulan. Eventualmente emergen de maneras menos controladas o se manifiestan somáticamente (tensión crónica, problemas de sueño, agotamiento).

La autorregulación saludable no es supresión. Es la capacidad de modular intensidad y timing de emociones para que puedas responder efectivamente, seguida de procesamiento apropiado de esas emociones cuando hay espacio para ello.

Riesgo 2: Falsa confianza en situaciones que requieren acción

Si te vuelves muy bueno regulando tu estado, podrías usar esa habilidad para tolerar situaciones que objetivamente no deberías tolerar.

Ejemplo: Un ambiente de trabajo tóxico. Usas técnicas de regulación para manejar el estrés constante. Eso te permite continuar en la situación más tiempo, pero no aborda el problema real: el ambiente es tóxico y necesitas cambiarlo o salir.

La autorregulación te da más opciones sobre cómo responder. No debe usarse para evitar acción necesaria.

Cuándo necesitas ayuda profesional, no técnicas de autoayuda

El anclaje es una herramienta de autorregulación para personas funcionalmente competentes que quieren mejorar su capacidad de gestionar estados bajo presión normal.

No es tratamiento para:

- Trastornos de ansiedad (ansiedad generalizada, trastorno de pánico, fobias clínicas)
- Depresión
- Trauma no resuelto o TEPT
- Cualquier condición que interfiera significativamente con funcionamiento diario

Si experimentas:

- Ansiedad que persiste incluso fuera de situaciones de presión
- Ataques de pánico
- Evitación significativa de situaciones por miedo o ansiedad
- Pensamientos intrusivos recurrentes
- Cambios marcados en sueño, apetito o energía
- Dificultad funcionando en trabajo o relaciones

Necesitas evaluación por un profesional de salud mental licenciado, no técnicas de PNL.

Hay una diferencia fundamental entre "quiero gestionar mejor mi nerviosismo antes de presentaciones" (apropiado para técnicas de autorregulación) y "mi ansiedad está interfiriendo con mi vida diaria" (requiere intervención profesional).

APLICACIÓN PRÁCTICA RESPONSABLE

Veamos cómo el anclaje se aplica responsablemente en contextos profesionales.

Aplicación 1: Preparación para situaciones de alto rendimiento

Contexto: Tienes una presentación importante, negociación crítica, o cualquier evento donde el estado en que entras importa.

Estrategia de anclaje:

Semanas antes del evento, identifica el estado que te sería más útil. No "confianza extrema" o "ausencia total de nervios" (poco realistas), sino algo como "calma alerta" o "presencia centrada."

Practica entrar en ese estado mediante:

- Respiración lenta y profunda (4 segundos inhalación, 6 segundos exhalación, 5 minutos)
- Recordar momentos donde te sentiste así naturalmente
- Visualizar manejando la situación con ese estado
- Ajustes corporales (postura abierta, hombros relajados)

Cuando estés genuinamente en ese estado, aplica tu ancla (por ejemplo, tocar pulgar e índice de manera específica, o usar una palabra interna específica).

Repite este proceso diariamente durante 2-3 semanas antes del evento.

La semana del evento, practica usar el ancla en contextos cada vez más cercanos al real:

- En tu escritorio imaginando la situación
- En una sala similar a donde será el evento
- Con un colega haciendo rol play

El día del evento, usa el ancla como parte de tu rutina de preparación, junto con revisión de material, visualización y preparación física.

Expectativa realista: El ancla no eliminará nerviosismo completamente. Puede ayudarte a entrar al evento en un estado más centrado que si no hubieras hecho nada. Eso aumenta probabilidad de que accedas a tu competencia real.

Aplicación 2: Recuperación después de situaciones estresantes

Contexto: Acabas de salir de una conversación difícil, reunión tensa, o situación de conflicto. Estás activado fisiológicamente. Necesitas recuperar calma para continuar tu día productivamente.

Estrategia de anclaje:

En lugar de usar un ancla para "forzar" calma inmediata, úsala como parte de una secuencia de recuperación:

1. Reconocimiento: "Estoy activado fisiológicamente. Eso es normal después de ese tipo de situación."

2. Pausa física: Sal de la sala. Camina brevemente. Toma agua.

3. Respiración: 5 minutos de respiración lenta para activar respuesta parasimpática.

4. Ancla: Usa tu ancla de calma centrada como señal a tu sistema que es seguro comenzar a desactivarse.

5. Transición deliberada: Antes de continuar con tu próxima tarea, toma 2 minutos para mentalmente cerrar la situación anterior y abrirte a la siguiente.

Expectativa realista: No recuperarás calma completa instantáneamente. Pero esta secuencia puede acelerar significativamente tu recuperación comparado con simplemente intentar continuar sin transición.

Aplicación 3: Mantener presencia durante conversaciones difíciles

Contexto: Estás en medio de una conversación de feedback, negociación, o conflicto. Notas que tu estado está comenzando a deteriorarse (tensión aumentando, claridad disminuyendo, reactividad aumentando).

Estrategia de anclaje:
Practica con anticipación un ancla de "reseteo" — algo que puedes usar discretamente durante conversaciones para reconectar con presencia.

Puede ser:

- Notar tu respiración y hacer 3 respiraciones profundas
- Tocar discretamente tu pulgar e índice (si has practicado esa ancla)
- Una palabra interna ("presente," "calma," "escucha")
- Notar sensación de tus pies en el suelo

Durante la conversación, cuando notes señales de desregulación (pensamiento acelerándose, defensividad emergiendo, impulso de interrumpir), usa tu ancla de reseteo.

También puedes crear pausas deliberadas: "Dame un momento para procesar lo que dijiste." Usa esos momentos para respirar y reconectar con presencia.

Expectativa realista: No mantendrás calma perfecta durante toda la conversación. Pero el ancla puede darte momentos de reconexión que evitan que la desregulación escale completamente.

Aplicación 4: Transiciones entre roles o contextos

Contexto: Necesitas cambiar rápidamente entre diferentes roles o contextos que requieren estados diferentes (por ejemplo, de reunión intensa a tiempo con familia, o de trabajo concentrado a networking social).

Estrategia de anclaje:
Desarrolla anclas diferentes para estados diferentes que necesitas en roles diferentes. Por ejemplo:

- Ancla de "concentración profunda" para trabajo que requiere enfoque sostenido
- Ancla de "presencia social" para networking o reuniones sociales
- Ancla de "disponibilidad emocional" para tiempo con familia o seres queridos

Usa estas anclas como parte de rituales de transición:
Saliendo de trabajo hacia casa:

- 5 minutos de respiración en el carro
- Ancla de "disponibilidad emocional"
- Revisión mental: "El trabajo terminó por hoy. Ahora estoy presente con mi familia."

Entrando a un evento de networking después de un día de trabajo intenso:

- 2 minutos de movimiento físico (estiramiento, caminar)
- Ancla de "presencia social"
- Ajuste mental: "No necesito resolver problemas ahora. Necesito conectar con personas."

Expectativa realista: Las transiciones no serán instantáneas. Pero los rituales con anclas pueden hacerlas más efectivas que simplemente cambiar de contexto sin transición deliberada.

Principios comunes en aplicación efectiva

Nota que en todos los casos:

1. **El anclaje es parte de una estrategia más amplia**, no una técnica aislada
2. **Se practica con anticipación**, no se inventa en el momento
3. **Se usa para influenciar, no controlar** estado
4. **Se combina con reconocimiento de emociones**, no supresión
5. **Las expectativas son realistas**, no mágicas

PRÁCTICA DE LA HABILIDAD (GIMNASIO DE AUTORREGULACIÓN)

Estos ejercicios te ayudarán a desarrollar capacidad de autorregulación mediante anclaje.

Ejercicio 1: Rastreo de estados y sus desencadenantes

Durante dos semanas, practica notar:
Momento del día: Mañana / tarde / noche
Situación: ¿Qué estaba pasando?
Estado: ¿Cómo describirías tu estado fisiológico-emocional? (Calma, activado, ansioso, cansado, energizado, etc.)
Señales corporales: ¿Qué sensaciones físicas notaste? (Respiración, tensión muscular, frecuencia cardíaca, temperatura)
Rendimiento: ¿Cómo afectó tu estado tu capacidad de pensar, decidir, comunicarte?

No intentes cambiar nada. Solo desarrolla consciencia de cómo tu estado varía y cómo afecta tu funcionamiento.

Al final de las dos semanas, reflexiona:

- ¿Qué patrones noté?

- ¿Qué situaciones tienden a deteriorar mi estado?
- ¿Qué situaciones tienden a facilitar estados útiles?
- ¿Cuáles son mis señales tempranas de desregulación?

Propósito: No puedes gestionar lo que no notas. Este ejercicio desarrolla consciencia básica de tu propio sistema de regulación.

Qué estás entrenando: Interocepción —consciencia de señales internas corporales y emocionales.

Ejercicio 2: Práctica de ancla básica (sin presión)

Elige un estado que te gustaría poder acceder más fácilmente. Empieza con algo modesto como "calma centrada" o "concentración presente."

Elige un estímulo específico como ancla. Recomendación: un gesto físico específico que puedas replicar exactamente (como tocar pulgar e índice de cierta manera, o tocar tu muñeca de manera específica).

Durante 3 semanas, practica diariamente (5-10 minutos):

1. Siéntate cómodamente en un lugar tranquilo
2. Usa respiración lenta para facilitar el estado que buscas
3. Recuerda un momento donde sentiste ese estado naturalmente
4. Cuando estés genuinamente en el estado (no fingiendo), aplica tu ancla por 10-15 segundos
5. Suelta el ancla y sal del estado
6. Después de un minuto, intenta usar el ancla y nota si facilita reconectar con elementos del estado

Repite este ciclo 5-10 veces por sesión.

Después de 3 semanas de práctica diaria, experimenta usar el ancla en contextos de bajo estrés (antes de reuniones rutinarias, antes de trabajo concentrado) y nota si tiene algún efecto.

Propósito: Desarrollar una asociación robusta mediante repetición consistente antes de intentar usar el ancla en situaciones de alta presión.

Qué estás entrenando: Condicionamiento asociativo básico y familiaridad con tu propia capacidad de influenciar estado.

Ejercicio 3: Experimentación con estrategias de recuperación

Identifica situaciones que típicamente te dejan activado o estresado (reuniones difíciles, conflictos, trabajo bajo presión intensa).

Después de esas situaciones, experimenta con diferentes estrategias de recuperación:

Opción A: Respiración lenta + ancla (si has estado practicando una) **Opción B:** Movimiento físico breve (caminar, estirar) **Opción C:** Cambio de entorno + pausa mental **Opción D:** Conversación breve con colega de confianza
Prueba cada opción en diferentes ocasiones y nota:

- ¿Cuál te ayuda a recuperar calma más efectivamente?
- ¿Cuál es más práctica en tu contexto laboral?
- ¿Necesitas combinar varias?

Propósito: Descubrir qué estrategias de recuperación funcionan mejor para ti específicamente, en lugar de asumir que una técnica funciona universalmente.

Qué estás entrenando: Flexibilidad en autorregulación y conocimiento de tu propio sistema.

CONCLUSIÓN PROFESIONAL DEL CAPÍTULO

La capacidad de gestionar tu estado bajo presión no es un lujo para profesionales particularmente sensibles. Es una habilidad fundamental para cualquiera que necesite tomar decisiones complejas, mantener presencia durante conversaciones difíciles, o acceder a su competencia real cuando las apuestas son altas.

El anclaje de estados, cuando se entiende correctamente, es una aplicación práctica de condicionamiento asociativo: crear conexiones deliberadas entre estímulos que controlas y estados útiles, mediante práctica repetida, de manera que esos estímulos puedan facilitar el acceso a esos estados.

No es un botón mágico que elimina emociones incómodas. No es control instantáneo sobre tu experiencia interna. No funciona para estados extremos o condiciones clínicas que requieren intervención profesional.

Es una herramienta modesta pero útil que, cuando se practica con consistencia y se usa con criterio, puede:

- Ayudarte a entrar a situaciones de alto rendimiento en un estado más centrado
- Facilitar recuperación después de situaciones estresantes
- Darte momentos de reconexión durante conversaciones difíciles
- Hacer transiciones entre roles o contextos más efectivas

La efectividad del anclaje depende de:

- **Repetición consistente:** Asociaciones robustas requieren práctica sostenida
- **Expectativas realistas:** Influencia, no control

- **Integración con otras estrategias:** Anclaje como parte de un repertorio, no como técnica aislada
- **Respeto por límites:** Reconocer cuándo no es suficiente y cuándo necesitas otras intervenciones

Los riesgos del anclaje incluyen usarlo para supresión emocional crónica, desarrollar falsa confianza en situaciones que requieren acción real, o intentar aplicarlo a condiciones que requieren tratamiento profesional.

Las emociones no son enemigas a eliminar. Son señales informativas. La autorregulación madura no es suprimir esas señales sino modular su intensidad y timing para que puedas responder efectivamente, seguida de procesamiento apropiado.

En contextos profesionales, la diferencia entre alguien que gestiona su estado efectivamente y alguien que no puede ser dramática: la misma competencia técnica produce resultados muy diferentes según el estado en que se aplica.

Un negociador en calma centrada puede encontrar soluciones creativas. El mismo negociador en ansiedad elevada se volverá rígido y defensivo. Un líder en presencia puede facilitar conversaciones difíciles productivamente. El mismo líder en reactividad puede escalar conflictos innecesariamente.

Esta habilidad se desarrolla mediante práctica deliberada: notando tus propios patrones de regulación, experimentando con técnicas diferentes, practicando anclaje de manera consistente, y reflexionando honestamente sobre qué funciona para ti específicamente.

No hay una técnica universal. Hay principios generales (respiración, atención dirigida, asociaciones condicionadas, ajustes corporales) que puedes adaptar a tu sistema particular.

Con el tiempo, la gestión de estado se vuelve más natural. Desarrollas mayor consciencia de tus señales tempranas de desregulación. Tienes un repertorio más amplio de estrategias para influenciar tu estado. Y fundamentalmente, tienes mayor capacidad de elegir cómo respondes bajo presión en lugar de ser completamente reactivo.

Eso no es control perfecto. Es mayor agencia. Y en contextos profesionales donde tus decisiones y comunicación importan, mayor agencia sobre tu estado es mayor efectividad en tu trabajo.

El anclaje es una herramienta en ese proceso. No la única, y no mágica, pero práctica y desarrollable. Y cuando se usa con humildad, criterio y práctica sostenida, puede hacer diferencia real en tu capacidad de funcionar efectivamente bajo presión.

CAPÍTULO 9
MODELADO DE LA EXCELENCIA: INGENIERÍA INVERSA DEL DESEMPEÑO PROFESIONAL

Un gerente de proyecto observaba con frustración cómo su colega, aparentemente sin esfuerzo, manejaba conflictos de equipo que a él lo dejaban agotado y sin resultados. Ambos tenían formación similar, años de experiencia comparables, acceso a los mismos recursos. Pero los resultados eran consistentemente diferentes.

"¿Cómo lo haces?" le preguntó un día. La respuesta fue frustrante: "No sé, simplemente... lo hago. Escucho a las personas. Confío en mi intuición."

Este tipo de respuesta —común entre personas competentes— no ayuda en nada. "Confía en tu intuición" no es transferible cuando tu intuición no está desarrollada. "Escucha a las personas" no especifica qué estás escuchando o cómo estás procesando lo que oyes.

El gerente intentó "ser más como" su colega: adoptó un tono similar, intentó parecer más relajado, usó frases que había oído usar al otro. Los resultados fueron desastrosos. Sonaba falso. Se sentía incómodo. Y los conflictos seguían sin resolverse.

En otro contexto, una consultora admira profundamente a una senior partner en su firma. Esta partner cierra contratos que parecen imposibles, navega política organizacional compleja con aparente facilidad, y tiene una reputación de excelencia que la precede. La consultora lee biografías de líderes exitosos, trata de "pensar como emprendedora," y copia hábitos visibles (levantarse temprano, hacer ejercicio, leer mucho).

Dos años después, su desempeño ha mejorado marginalmente, pero no dramáticamente. La brecha entre su competencia y la de la partner que admira permanece amplia. Está aprendiendo, pero lentamente, mediante prueba y error costosa.

El problema en ambos casos no es falta de motivación o inteligencia. Es falta de método. Ambos están intentando aprender de la excelencia, pero lo están haciendo de manera ineficiente: copiando superficialidades en lugar de desconstruir los componentes reales que producen resultados.

Este patrón es extremadamente común en desarrollo profesional. Las personas identifican a alguien excelente en algo que ellos quieren mejorar, pero no saben cómo extraer lo que realmente importa de lo que es simplemente idiosincrasia personal o contexto específico.

El resultado es aprendizaje lento, ineficiente y frustrante. Años de experiencia que podrían condensarse en meses si hubiera un método más sistemático para entender cómo funciona la excelencia.

LA FALSA PROMESA (COPIAR NO ES MODELAR)

Si has explorado literatura de desarrollo personal o profesional, has encontrado versiones degradadas de "modelado" que prometen cosas como:

"Estudia los hábitos de las personas exitosas y adóptalos."
"Piensa como un CEO."
"Actúa como si ya fueras la persona que quieres ser."

Esta es una caricatura del modelado que confunde correlación superficial con causalidad profunda.

Error 1: Confundir hábitos visibles con factores causales

Los libros populares sobre éxito están llenos de listas: "10 hábitos de personas exitosas," "La rutina matutina de billonarios," "Qué leen los líderes."

El problema es que estos hábitos son, en su mayoría, correlaciones sin causalidad demostrable.

Ejemplo: Muchos CEOs exitosos se levantan temprano. ¿Significa eso que levantarte temprano te hará exitoso? No. Podría ser que:

- Personas con ciertos roles (CEO) enfrentan demandas que requieren comenzar temprano
- Personas con alto autocontrol tienden tanto a levantarse temprano como a tener éxito, pero el éxito no es causado por el horario
- Hay sesgo de supervivencia: solo escuchas sobre los CEOs exitosos que se levantan temprano, no sobre los que no lo hacen o sobre las personas que se levantan temprano y no tienen éxito

Copiar hábitos visibles raramente produce los resultados asociados con esos hábitos porque los hábitos mismos no son los factores causales. Son síntomas, correlaciones o adaptaciones a contextos específicos.

Error 2: Intentar copiar personalidad o estilo

"Sé más confiado como X." "Adopta el carisma de Y." "Proyecta la autoridad de Z."

Esto no es modelado. Es actuación. Y generalmente falla porque:

Es inauténtico: Cuando intentas adoptar la personalidad de alguien más, las personas lo detectan. Suenas falso. Pierdes credibilidad en lugar de ganarla.

Ignora que diferentes personalidades pueden alcanzar la misma excelencia por caminos diferentes. No necesitas ser extrovertido para ser buen líder. No necesitas ser carismático para ser buen negociador. Hay múltiples caminos hacia la competencia, y el camino que funciona para alguien más puede no ser el apropiado para ti.

Genera síndrome del impostor: Cuando estás actuando ser alguien que no eres, te sientes impostor. Porque lo eres. No estás desarrollando tu propia competencia; estás imitando la superficie de alguien más.

Error 3: "Piensa como X" sin especificar qué significa eso

"Piensa como emprendedor." "Piensa como estratega." "Piensa como líder."

Estas instrucciones son vagas hasta la inutilidad. ¿Qué significa específicamente "pensar como emprendedor"?

¿Significa asumir riesgos? ¿Cuáles riesgos? ¿En qué contextos? ¿Significa ver oportunidades? ¿Cómo específicamente identificas oportunidades que otros no ven? ¿Significa ser optimista? ¿Incluso cuando los datos sugieren pesimismo justificado?

Sin especificidad sobre qué procesos mentales concretos están operando, "pensar como X" es simplemente una metáfora motivacional sin contenido transferible.

Error 4: Ignorar contexto, recursos y privilegios estructurales

Muchas narrativas de modelado ignoran completamente que el éxito de alguien puede depender de factores que tú no puedes replicar:

- Conexiones y red de contactos acumuladas durante décadas
- Capital inicial o acceso a recursos financieros
- Timing: estar en el lugar correcto en el momento correcto
- Privilegios estructurales (educación de élite, capital social, ausencia de barreras sistémicas)

Intentar "modelar" a alguien sin reconocer estos factores contextuales lleva a frustración y auto-culpa: "Si yo hago lo que hicieron, debería obtener los mismos resultados. Si no los obtengo, debo ser deficiente."

Pero los resultados no son solo función de habilidades. Son función de habilidades + contexto + recursos + timing + suerte. Puedes modelar habilidades. No puedes modelar contexto o suerte.

Por qué estas versiones del modelado persisten

Estas caricaturas son atractivas porque son simples. "Copia estos 7 hábitos" es mucho más fácil que "observa sistemáticamente, genera hipótesis sobre qué factores son causales, prueba esas hipótesis en tu contexto, ajusta."

También venden mejor. Los libros que prometen fórmulas simples para éxito se venden más que los que dicen "es complejo, depende del contexto, y requiere trabajo sostenido."

Pero la simplicidad que vende no es la complejidad que funciona.

Tu escepticismo hacia "fórmulas de éxito" es justificado

Si has intentado copiar hábitos de personas exitosas y no funcionó, o si las instrucciones de "piensa como X" te parecieron vacías, tu escepticismo es completamente racional.

No estás fallando en aprender. Estás rechazando apropiadamente métodos superficiales que no pueden funcionar.

El modelado real es diferente. Es más complejo, más modesto en sus promesas, pero también más útil.

LO QUE REALMENTE FUNCIONA (DESCONSTRUIR EL DESEMPEÑO)

El modelado genuino no es copiar. Es ingeniería inversa: observar un resultado complejo (desempeño excelente) y desconstruirlo en sus componentes observables para entender qué factores específicos contribuyen a ese resultado.

El principio fundamental: La excelencia no es misteriosa

Cuando alguien es consistentemente excelente en algo, no es porque tenga un talento mágico o una cualidad inefable. Es porque:

1. **Atienden a cosas que otros no atienden**
2. **Toman decisiones diferentes en momentos clave**
3. **Han desarrollado habilidades específicas mediante práctica**
4. **Usan estrategias mentales efectivas** (cómo organizan información, cómo generan opciones, cómo evalúan alternativas)

5. **Adaptan su comportamiento según contexto** de maneras que otros no hacen

Estos factores son, en principio, observables y parcialmente transferibles. "Parcialmente" es importante: no todo es transferible porque:

- Algunos componentes dependen de características personales que no puedes o no quieres cambiar
- Algunos requieren contextos o recursos que no tienes
- Algunos implican trade-offs que no estás dispuesto a hacer

Pero incluso transferencia parcial puede acelerar tu aprendizaje significativamente.

El proceso de modelado: Observación sistemática

Paso 1: Identificar comportamientos observables específicos
No "es confiado" (demasiado vago), sino:

- Hace contacto visual consistente durante conversaciones difíciles
- Habla con ritmo pausado incluso bajo presión
- Hace preguntas específicas antes de responder a objeciones
- Admite cuando no sabe algo sin defensividad

Estos son comportamientos concretos que puedes observar.

Paso 2: Identificar contexto y patrones
¿Cuándo hacen estos comportamientos y cuándo no?
Tal vez esa persona hace contacto visual fuerte en negociaciones pero no en conversaciones casuales. Eso sugiere que es una decisión estratégica, no un rasgo de personalidad fijo.
Tal vez hablan pausado cuando están preparados pero más rápido cuando están improvisando. Eso sugiere que la preparación es un factor importante en su capacidad de mantener calma.

Paso 3: Generar hipótesis sobre funciones
¿Por qué ese comportamiento podría ser efectivo?
Contacto visual fuerte durante negociaciones puede:

- Comunicar confianza
- Facilitar lectura de señales no verbales del otro
- Reducir distracciones manteniendo enfoque en la persona

Hablar pausado bajo presión puede:

- Dar tiempo para procesar antes de responder

- Comunicar control emocional
- Facilitar que otros escuchen con claridad

Estas son hipótesis. No sabes si son correctas hasta que las pruebas.

Paso 4: Identificar estrategias mentales

Esto es más difícil de observar porque es interno, pero puedes inferirlo mediante:

Preguntas directas: "Cuando enfrentas X situación, ¿cómo decides qué hacer?"

Muchas personas competentes no pueden articular sus procesos mentales fácilmente, pero con preguntas específicas pueden dar pistas:

"Antes de responder, mentalmente me pregunto: ¿Qué está realmente preguntando? ¿Qué preocupación hay detrás de la pregunta?"

Eso revela una estrategia mental: pausa para interpretar intención antes de responder al contenido superficial.

Observación de lenguaje: Cómo alguien habla sobre su proceso revela cómo piensa:

"Visualizo cómo la otra parte va a reaccionar antes de proponer algo." "Escucho el tono más que las palabras." "Primero identifico qué es negociable y qué no."

Cada una de estas frases sugiere una estrategia mental específica que podrías probar.

Paso 5: Experimentar con componentes específicos

No intentas convertirte en esa persona. Intentas probar si componentes específicos de lo que hace son útiles para ti en tu contexto.

Ejemplo:

Observaste que un colega efectivo hace pausas de 2-3 segundos antes de responder a preguntas difíciles. Hipótesis: la pausa facilita respuesta más reflexiva.

Experimentas: Durante la próxima semana, deliberadamente pausas 2-3 segundos antes de responder a preguntas en reuniones.

Observas resultados:

- ¿Tus respuestas fueron más claras?
- ¿Te sentiste más centrado?
- ¿Las personas reaccionaron diferente?
- ¿Se sintió natural o forzado?

Basado en observación, decides:

- Mantener la práctica (funciona para ti)

- Ajustarla (tal vez 2 segundos funciona pero 3 es demasiado largo en tu contexto)
- Descartarla (no te funciona o el costo supera el beneficio)

Esta es experimentación disciplinada, no imitación ciega.

Paso 6: Integración selectiva

De todo lo que observas y experimentas, integras solo lo que:

- Funciona en tu contexto específico
- Se alinea con tu estilo natural (o una versión expandida de él)
- Produce resultados que valoras
- No requiere sacrificios que no estás dispuesto a hacer

No intentas adoptar todo. Seleccionas componentes específicos que amplifican tu competencia existente.

La distinción clave: Modelar procesos, no personas

No estás modelando "ser como X persona." Estás modelando procesos específicos que esa persona usa efectivamente.

Tal vez modelas:

- Cómo esa persona estructura preparación antes de negociaciones
- Qué preguntas hace para clarificar antes de responder
- Cómo gestiona su propio estado bajo presión

Pero no modelas su personalidad, su humor, o su identidad.

El resultado no es que te conviertas en esa persona. Es que expandes tu repertorio de estrategias disponibles.

LÍMITES Y RIESGOS (CUANDO EL MODELADO SE VUELVE FANTASÍA)

Como con cualquier método de aprendizaje, el modelado tiene límites claros y puede cruzar hacia pensamiento mágico si no se usa con criterio.

Límite 1: Sesgo de supervivencia

Cuando eliges a alguien para modelar porque es exitoso, estás viendo solo a los sobrevivientes. No ves a todas las personas que hicieron cosas similares y no tuvieron éxito.

Ejemplo: Modelas a un emprendedor exitoso que tomó riesgos grandes. Lo que no ves es a los 99 emprendedores que tomaron riesgos similares y fracasaron.

¿El riesgo causó el éxito? Tal vez. O tal vez el éxito fue función de riesgo + timing + red de contactos + capital + suerte, y solo estás viendo el caso donde todos esos factores se alinearon.

Mitigación: Busca patrones en múltiples casos de excelencia, no en un solo caso. Si 10 negociadores excelentes todos hacen X, eso es evidencia más fuerte que si uno lo hace.

Límite 2: Confundir correlación con causalidad

Observas que alguien excelente hace X. Asumes que X causa la excelencia. Pero tal vez:

- X es resultado de la excelencia, no causa (la persona es tan confiada porque tiene historial de éxito, no al revés)
- X es correlación sin relación causal (la persona es excelente Y hace X, pero X no contribuye a la excelencia)
- X solo funciona en combinación con Y y Z que no observaste

Mitigación: Trata todo como hipótesis que necesita probarse, no como verdad establecida. Experimenta y observa resultados en tu contexto.

Límite 3: Ignorar ventajas estructurales no replicables

Alguien es excelente cerrando contratos. Modelas su proceso. Tus resultados son mediocres.

Tal vez el problema no es tu ejecución. Tal vez esa persona tiene:

- Reputación establecida que tú no tienes
- Red de contactos de décadas que facilita acceso
- Recursos de equipo que tú no tienes
- Marca de empresa que abre puertas

Puedes modelar sus habilidades. No puedes modelar su contexto.

Mitigación: Sé realista sobre qué factores contribuyen a los resultados y cuáles puedes replicar. Enfócate en modelar lo que está dentro de tu control.

Límite 4: Diferencias individuales reales

No todos los cerebros procesan información igual. No todos los cuerpos responden igual a estrés. No todas las personalidades se sienten cómodas con los mismos comportamientos.

Lo que funciona brillantemente para una persona puede ser torpe o contraproducente para otra.

Ejemplo: Una persona extrovertida modela a un líder que "energiza salas" mediante presencia fuerte y animada. Eso puede funcionar bien.

Una persona introvertida intenta modelar lo mismo y se agota, parece falsa, y pierde su fortaleza natural (liderazgo reflexivo, escucha profunda).

Mitigación: Busca personas excelentes cuyo estilo natural sea similar al tuyo, o adapta lo que modelas para ajustarse a tu temperamento.

Límite 5: No todo es modelable

Algunas formas de excelencia dependen de:

- Años de experiencia acumulada que no puede condensarse
- Intuición desarrollada mediante miles de horas que no puede articularse completamente
- Características físicas o cognitivas que varían entre individuos

Puedes acelerar tu aprendizaje mediante modelado, pero no puedes eliminar completamente la necesidad de tiempo y práctica.

Riesgo 1: Perder tu propia voz

Si modelas demasiado o demasiado rígidamente, puedes perder lo que te hace único y efectivo.

Tal vez tu fortaleza es un enfoque particular que es diferente del de las personas que estás modelando. Si lo abandonas para "ser como ellos," pierdes ventaja competitiva.

Principio: Modela para expandir repertorio, no para reemplazar tu estilo fundamental.

Riesgo 2: Sobre-atribución de resultados a habilidad

Cuando alguien tiene éxito, tendemos a atribuirlo completamente a sus habilidades y decisiones. Ignoramos:

- Suerte
- Timing del mercado
- Apoyo de otros
- Errores de competidores

Modelar a alguien exitoso puede darte habilidades útiles, pero no garantiza resultados similares porque los resultados no son solo función de habilidades.

Actitud correcta: "Puedo aprender cosas valiosas de esta persona. Eso mejorará mis capacidades. Los resultados dependerán también de factores fuera de mi control."

APLICACIÓN PRÁCTICA RESPONSABLE

Veamos cómo el modelado se aplica sistemáticamente en contextos profesionales.

Aplicación 1: Modelar un negociador hábil

Situación: Identificas a un colega que consistentemente logra acuerdos favorables en negociaciones complejas.

Paso 1: Observación estructurada

Con permiso, observas varias de sus negociaciones (o pides que te cuente su proceso detalladamente). Notas:

Preparación:

- Investiga a fondo no solo el tema sino también a las personas con quienes negociará
- Identifica por escrito: sus objetivos prioritarios, objetivos secundarios, límites no negociables
- Genera 3-5 alternativas diferentes de propuesta antes de la reunión

Durante la negociación:

- Hace preguntas abiertas antes de presentar su posición
- Toma notas visibles de lo que la otra parte dice
- Hace pausas largas (5-10 segundos) antes de responder a propuestas
- Reencuadra objeciones: "Si entiendo correctamente, tu preocupación es X. ¿Es así?"
- Nunca acepta ni rechaza propuestas inmediatamente; siempre pide tiempo

Paso 2: Generar hipótesis

¿Por qué estos comportamientos podrían ser efectivos?

Las preguntas abiertas iniciales probablemente revelan información que no tenía, lo cual informa su estrategia.

Las pausas largas le dan tiempo para pensar y comunican que no está ansioso.

Reencuadrar objeciones demuestra que está escuchando y facilita que el otro confirme o corrija, dándole más información.

Nunca aceptar/rechazar inmediatamente evita que emociones o presión del momento dicten decisiones importantes.

Paso 3: Experimentar selectivamente

No intentas copiar todo. Eliges 2-3 componentes para probar:

1. Preparación estructurada: Antes de tu próxima negociación, haces el ejercicio de escribir objetivos prioritarios, secundarios y límites.

2. Pausas deliberadas: Practicas pausar 5 segundos antes de responder a propuestas.

3. Nunca decidir en el momento: Te comprometes a siempre decir "déjame considerarlo y te respondo en X horas/días."

Paso 4: Evaluar resultados

Después de aplicar estos componentes en 3-5 negociaciones, reflexionas:

¿La preparación estructurada te dio más claridad? ¿Tomaste mejores decisiones?

¿Las pausas se sintieron naturales o forzadas? ¿Mejoraron la calidad de tus respuestas?

¿No decidir en el momento evitó que aceptaras términos subóptimos?

Basado en esto, decides qué mantener, qué ajustar, y qué descartar.

Aplicación 2: Modelar comunicación efectiva en presentaciones

Situación: Admiras cómo un colega presenta información técnica compleja de manera que audiencias no técnicas entienden fácilmente.

Paso 1: Observación estructurada

Observas múltiples presentaciones y notas:

Estructura:

- Siempre comienza con una pregunta o problema que la audiencia reconoce
- Evita jerga técnica; cuando debe usar términos técnicos, los define inmediatamente con analogías
- Usa estructura de tres puntos principales (nunca más de tres)
- Termina con acción concreta que la audiencia puede tomar

Estilo de entrega:

- Hace contacto visual con diferentes personas durante la presentación
- Hace pausas después de puntos importantes
- Usa preguntas retóricas frecuentemente: "¿Por qué esto importa?"
- Modula velocidad: más lento para conceptos complejos, más rápido para transiciones

Paso 2: Generar hipótesis

Comenzar con pregunta/problema probablemente hace que la audiencia se involucre inmediatamente porque ven relevancia.

Limitar a tres puntos evita sobrecarga cognitiva.

Pausas después de puntos importantes dan tiempo para procesar.

Preguntas retóricas mantienen a la audiencia mentalmente activa.

Paso 3: Experimentar selectivamente

Para tu próxima presentación, pruebas:

1. Comenzar con una pregunta que tu audiencia reconocería
2. Limitar tu presentación a exactamente tres puntos principales
3. Hacer pausas de 3 segundos después de cada punto importante

No intentas cambiar tu estilo de entrega completo. Solo pruebas componentes específicos de estructura.

Paso 4: Evaluar

Después de la presentación, reflexionas:

¿La audiencia se involucró más desde el inicio?

¿La estructura de tres puntos hizo tu mensaje más claro?

¿Las pausas ayudaron o se sintieron incómodas?

Ajustas para tu próxima presentación basado en lo que funcionó.

Aplicación 3: Modelar liderazgo en conversaciones difíciles

Situación: Notas que cierto líder en tu organización navega conversaciones difíciles (feedback crítico, conflictos de equipo) de manera que las personas salen sintiéndose escuchadas incluso cuando no obtienen lo que querían.

Paso 1: Observación (o preguntas directas)

Le preguntas directamente: "¿Cómo abordas conversaciones difíciles? ¿Tienes algún proceso?"

Responde:

"Antes de la conversación, me pregunto: ¿Qué resultado realista quiero? ¿Qué probablemente quiere la otra persona? ¿Dónde podrían estar nuestros intereses alineados?

Durante la conversación, mi regla es: primero entender completamente su perspectiva antes de explicar la mía. Hago preguntas hasta que puedo articular su posición en mis propias palabras de manera que ellos digan 'sí, exactamente.'

Solo después de eso explico mi perspectiva o decisión. Y siempre explico mi razonamiento, incluso si la decisión no es negociable."

Paso 2: Identificar componentes transferibles

De eso, identificas tres estrategias:

1. Preparación: Anticipar intereses de ambas partes antes de la conversación
2. Secuencia: Entender completamente antes de explicar
3. Transparencia: Explicar razonamiento incluso cuando decides contra lo que la persona quiere

Paso 3: Experimentar

Antes de tu próxima conversación difícil, haces el ejercicio de preparación: escribes qué quieres tú, qué probablemente quiere la otra persona, dónde hay alineación posible.

Durante la conversación, te comprometes a no explicar tu posición hasta que hayas entendido completamente la del otro.

Paso 4: Evaluar

¿La preparación te dio mayor claridad?

¿La secuencia (entender primero) cambió la dinámica de la conversación?

¿Explicar tu razonamiento ayudó a que la persona aceptara una decisión difícil?

Elementos comunes en aplicación efectiva

Nota que en todos los casos:

1. **La observación es específica** (comportamientos concretos, no rasgos vagos)
2. **Se generan hipótesis** (no se asume causalidad)
3. **Se experimenta con componentes selectos** (no se copia todo)
4. **Se evalúa en tu contexto** (no se asume transferencia automática)
5. **Se mantiene tu autenticidad** (no se imita personalidad)

PRÁCTICA DE LA HABILIDAD (GIMNASIO DE APRENDIZAJE)

Estos ejercicios desarrollarán tu capacidad de aprender mediante modelado sistemático.

Ejercicio 1: Registro de observación estructurada

Identifica una persona en tu entorno profesional que es consistentemente efectiva en una habilidad que quieres desarrollar.

Durante dos semanas, cada vez que observes a esa persona ejerciendo esa habilidad, registra:

Contexto: ¿Qué situación era? ¿Quién estaba presente? ¿Qué estaba en juego?

Comportamientos observables: ¿Qué hicieron específicamente? (Acciones, lenguaje, secuencia)

Resultados: ¿Qué pasó? ¿Fue efectivo?

Hipótesis: ¿Por qué ese comportamiento podría haber sido efectivo?

Al final de dos semanas, revisa tus notas:

- ¿Qué patrones se repiten?
- ¿Qué componentes parecen más prometedores para experimentar?

Propósito: Desarrollar el hábito de observación sistemática en lugar de admiración vaga.

Qué estás entrenando: Atención analítica —la capacidad de ver componentes específicos en lugar de impresiones generales.

Ejercicio 2: Deconstrucción post-desempeño

Después de cualquier desempeño profesional importante (presentación, negociación, conversación difícil, facilitación de reunión), tómate 15 minutos para responder:

¿Qué funcionó bien? No "estuve bien," sino comportamientos específicos: "Las pausas antes de responder me dieron claridad," "Comenzar con pregunta involucró a la audiencia."

¿Qué no funcionó? Específicamente: "Hablé demasiado rápido en la sección técnica," "No anticipé la objeción sobre presupuesto."

¿Qué haría diferente la próxima vez? Acción concreta: "Practicar la sección técnica en voz alta para controlar ritmo," "Incluir análisis de costo en preparación."

¿Qué quiero observar en alguien que hace esto bien? "Cómo estructuran transiciones entre secciones," "Cómo manejan objeciones presupuestarias."

Propósito: Entrenar reflexión sistemática que identifica componentes específicos mejorables.

Qué estás entrenando: Metacognición de desempeño —la capacidad de analizar tu propio rendimiento objetivamente.

Ejercicio 3: Experimentación de un componente

Identifica un componente específico que observaste en alguien competente y que crees podría ser útil para ti.

Comprométete a experimentarlo deliberadamente durante una semana en contextos apropiados.

Al final de la semana, evalúa:

¿Funcionó?

- ¿Produjo mejores resultados?
- ¿Se sintió natural o forzado?
- ¿Requirió esfuerzo sostenible o agotador?

¿Necesita ajuste?

- ¿Qué modificación lo haría más efectivo?
- ¿Funciona mejor en ciertos contextos que en otros?

¿Vale la pena mantenerlo?

- ¿El beneficio justifica el esfuerzo?
- ¿Se alinea con tu estilo?

Propósito: Entrenar experimentación disciplinada en lugar de adopción o rechazo inmediato.

Qué estás entrenando: Empirismo práctico —la capacidad de probar hipótesis en tu realidad.

CONCLUSIÓN PROFESIONAL DEL CAPÍTULO

El modelado no es copiar hábitos superficiales de personas exitosas. No es intentar "pensar como" alguien más. No es imitar personalidad o estilo.

El modelado genuino es ingeniería inversa sistemática: observar desempeño excelente, desconstruirlo en componentes específicos, generar hipótesis sobre qué factores contribuyen a resultados, y experimentar con esos componentes en tu propio contexto para ver qué es transferible.

Es un método de aprendizaje, no una fórmula de éxito.

Los principios fundamentales son:

La excelencia es compleja pero observable. No es misteriosa. Es el resultado de decisiones específicas, atención dirigida, estrategias mentales efectivas, y habilidades desarrolladas mediante práctica.

No todo es transferible. Algunas cosas dependen de contexto, recursos, ventajas estructurales, o características individuales que no puedes replicar.

Modelar procesos, no personas. No intentas convertirte en alguien más.

Intentas entender procesos específicos que funcionan y adaptarlos a tu contexto.

Hipótesis, no verdades. Todo lo que observas es hipótesis que necesita probarse en tu realidad.

Experimentación selectiva. No copias todo. Eliges componentes específicos que parecen prometedores y los pruebas sistemáticamente.

Los límites del modelado incluyen sesgo de supervivencia, confundir correlación con causalidad, ignorar ventajas no replicables, y diferencias individuales reales que hacen que no todo funcione igual para todos.

Los riesgos incluyen perder tu propia voz mediante sobre-adaptación y sobre-atribuir resultados a habilidad ignorando suerte y contexto.

En contextos profesionales, el modelado efectivo puede:

- Acelerar significativamente tu curva de aprendizaje
- Darte acceso a estrategias que podrían tomarte años descubrir por prueba y error
- Expandir tu repertorio de respuestas disponibles
- Ayudarte a evitar errores comunes que otros ya cometieron

Pero no elimina la necesidad de práctica sostenida, no garantiza resultados idénticos, y no sustituye el desarrollo de tu propio juicio y estilo.

Los profesionales maduros entienden que la excelencia es construida, no absorbida. No puedes osmóticamente adquirir competencia estando cerca de personas competentes. Pero puedes aprender sistemáticamente de ellas mediante observación disciplinada, hipótesis claras, y experimentación reflexiva.

Esta es una forma de inteligencia de aprendizaje: la capacidad de extraer lecciones transferibles de la observación de otros sin perder tu propia autenticidad.

Se desarrolla mediante práctica: observando sistemáticamente, registrando patrones, generando hipótesis, experimentando con componentes específicos, evaluando resultados honestamente, y ajustando continuamente.

Con el tiempo, el modelado se vuelve parte de cómo aprendes naturalmente. Ya no necesitas proceso formal. Automáticamente notas qué hacen las personas efectivas, generas hipótesis tentativas sobre por qué funciona, y experimentas con adaptaciones en tu propio contexto.

Eso no es imitar. Es aprender. Y es una de las maneras más eficientes de desarrollar competencia profesional compleja sin reinventar soluciones que otros ya descubrieron.

El modelado, cuando se hace con humildad, rigor y autenticidad, no te convierte en alguien más. Te ayuda a convertirte en la mejor versión de ti mismo más rápidamente de lo que lo harías solo mediante prueba y error.

CAPÍTULO 10
LENGUAJE DE INFLUENCIA ÉTICA: CÓMO PERSUADIR CON PRECISIÓN SIN MANIPULAR

Una gerente de producto necesitaba convencer al equipo ejecutivo de aprobar presupuesto para una iniciativa que ella creía genuinamente crítica para la competitividad de la empresa. Tenía los datos. Tenía el análisis. Tenía razones sólidas.

Pero también tenía un dilema ético.

Sabía que si presentaba la información de cierta manera —enfatizando riesgos competitivos, minimizando costos de implementación, usando lenguaje que creara urgencia artificial— probablemente conseguiría aprobación. Tenía las habilidades de comunicación para "vender" la propuesta efectivamente.

Pero también sabía que el equipo ejecutivo tenía otras prioridades legítimas que ella no conocía completamente. Sabía que su perspectiva estaba sesgada por su cercanía al problema. Y sabía que si conseguía aprobación mediante persuasión agresiva en lugar de presentación equilibrada, estaría consumiendo credibilidad futura.

La tensión era real: ¿Cuánto debería "influir" en la decisión versus cuánto debería simplemente presentar información y dejar que decidieran? ¿Dónde está la línea entre persuasión legítima y manipulación?

Decidió un enfoque: presentaría el caso honestamente, incluiría las limitaciones y riesgos de su propuesta, señalaría explícitamente dónde su información era incompleta, y confiaría en que si su argumento era sólido, prevalecería sin necesitar tácticas de presión.

La propuesta fue aprobada. Pero más importante, su reputación de honestidad intelectual se fortaleció. Seis meses después, cuando presentó otra propuesta más controversial, el equipo ejecutivo confió en su juicio porque sabían que no los había manipulado previamente.

Este escenario ilustra una realidad que enfrentan constantemente profesionales competentes: tienes la capacidad de influir en otros mediante cómo usas lenguaje, cómo estructuras información, qué enfatizas y qué omites. Esa capacidad viene con responsabilidad ética significativa.

En otro contexto, un líder necesitaba comunicar un cambio organizacional difícil que afectaría negativamente a algunos miembros del equipo. Podría haber usado lenguaje que minimizara el impacto negativo, que reencuadrara el cambio como "oportunidad" cuando claramente no lo era para todos, o que presionara emocionalmente para aceptación rápida.

En lugar de eso, eligió transparencia: "Este cambio es difícil. Afectará algunos de ustedes negativamente. Entiendo si están molestos o preocupados. Voy a explicar por qué la organización cree que es necesario, pero eso no invalida que es costoso para algunos de ustedes."

La reacción inmediata fue menos positiva que si hubiera usado lenguaje más "motivacional." Pero la confianza se mantuvo. Las personas no se sintieron manipuladas. Y cuando el cambio inevitablemente generó dificultades, el equipo no culpó al líder de haberlos engañado.

Estas situaciones revelan que la influencia ética no es simplemente una cuestión de "técnicas correctas." Es una cuestión de intención, transparencia y respeto por la autonomía de otros, incluso cuando tienes el poder de reducir esa autonomía mediante uso hábil de lenguaje.

LA FALSA PROMESA (EL LENGUAJE COMO CONTROL)

Si has explorado literatura sobre persuasión, ventas o comunicación de influencia, probablemente has encontrado enfoques que tratan el lenguaje como herramienta de control:

"Cómo convencer a cualquiera de cualquier cosa."

"Técnicas de cierre infalibles."

"Cómo superar cualquier objeción."

"El lenguaje que hace imposible decir no."

Esta narrativa presenta la influencia como un juego donde el objetivo es conseguir que otros hagan lo que tú quieres, independientemente de si es lo que ellos realmente quieren o necesitan.

Por qué este enfoque es problemático

Problema 1: Trata a las personas como objetos a manipular

Cuando tu mentalidad es "cómo conseguir que esta persona haga X," implícitamente has dejado de tratar a esa persona como agente autónomo con sus propios intereses, perspectivas y derecho a decidir.

La has convertido en obstáculo a superar o recurso a explotar. Esa actitud fundamental es incompatible con relaciones profesionales saludables.

Problema 2: Daña confianza a largo plazo

Las técnicas de influencia agresiva pueden funcionar una vez. Puedes "cerrar" una venta mediante presión. Puedes "superar objeciones" mediante lenguaje que hace difícil disentir. Puedes conseguir compliance mediante persuasión intensa.

Pero las personas eventualmente se dan cuenta. Cuando lo hacen, la confianza se rompe permanentemente. Y en entornos profesionales donde las relaciones son recurrentes, esa pérdida de confianza es catastrófica.

Problema 3: Genera disonancia cognitiva interna

Si te ves como persona íntegra pero usas técnicas de manipulación "porque así funciona el mundo real," estás creando disonancia entre tu identidad y tu comportamiento.

Esa disonancia tiene costo psicológico. Te vuelves cínico. Desarrollas racionalizaciones elaboradas. O eventualmente pierdes la capacidad de distinguir influencia legítima de manipulación porque has cruzado esa línea tantas veces que la línea ya no es visible.

Problema 4: Asume que el fin justifica los medios

"Si mi producto es bueno, está bien usar cualquier técnica para que lo compren."

"Si esta decisión es correcta, está bien presionar para que la acepten."

Esta lógica ignora que el proceso importa. Cómo llegas a un resultado afecta la calidad de ese resultado, la implementación posterior, y la relación futura.

Una decisión "correcta" impuesta mediante manipulación puede generar resistencia pasiva, sabotaje sutil, o abandono eventual. Una decisión menos óptima pero tomada con autonomía genuina puede implementarse mejor porque hay ownership real.

Problema 5: Confunde resistencia con incompetencia comunicativa

Muchos enfoques de "superación de objeciones" asumen que si alguien resiste tu propuesta, el problema es que no has comunicado efectivamente o no has usado las técnicas correctas.

Pero a veces la resistencia es racional y apropiada. Tal vez tu propuesta realmente no es la mejor opción para esa persona. Tal vez sus objeciones señalan problemas reales que necesitas abordar, no "superar."

Tratar toda resistencia como obstáculo a manipular te hace menos efectivo, no más, porque pierdes información valiosa.

Por qué esta narrativa es seductora

La narrativa de "lenguaje como control" es atractiva porque:

Ofrece poder percibido: Sentir que puedes "conseguir que otros hagan lo que quieres" es psicológicamente gratificante.

Simplifica complejidad: Es más simple pensar "aprendo estas técnicas y consigo resultados" que reconocer que la influencia es contextual, relacional y éticamente compleja.

Reduce ansiedad: Si tienes técnicas "infalibles," no necesitas lidiar con incertidumbre o rechazo.

Pero el poder es ilusorio, la simplicidad es falsa, y la reducción de ansiedad es temporal. Los costos a largo plazo superan los beneficios a corto plazo.

Tu incomodidad con "técnicas de cierre" es saludable

Si alguna vez has sentido que técnicas de persuasión agresiva son manipulativas, o si te has sentido incómodo cuando otros las usan contigo, tu incomodidad es información ética válida.

No eres demasiado sensible o demasiado ingenuo. Estás detectando correctamente violación de autonomía.

La influencia real, ética y sostenible funciona diferente.

LO QUE REALMENTE FUNCIONA (CLARIDAD, OPCIONES Y CONSENTIMIENTO)

La influencia ética no es conseguir que otros hagan lo que tú quieres. Es ayudar a que otros tomen decisiones más informadas sobre lo que ellos quieren, lo cual puede incluir lo que tú propones.

El principio fundamental: Influencia como servicio

Cuando influyes éticamente, tu objetivo no es reducir la capacidad de la otra persona de elegir. Es expandirla.

Haces esto mediante:

1. Incrementar claridad

Ayudas a que la otra persona entienda:

- Qué opciones tiene realmente
- Cuáles son las implicaciones de cada opción
- Qué información es relevante para la decisión
- Dónde hay incertidumbre versus certeza

2. Revelar suposiciones ocultas

Muchas veces las personas toman decisiones basadas en suposiciones que no han examinado. Tu influencia puede ayudarlas a hacer esas suposiciones explícitas y cuestionarlas apropiadamente.

3. Ofrecer perspectivas alternativas

No impones tu perspectiva como única válida. Ofreces tu perspectiva como una entre varias que podría ser útil considerar.

4. Respetar el proceso de decisión

Reconoces que la otra persona necesita tiempo, necesita consultar con otros, o necesita procesar información antes de decidir. No crees presión artificial para decisión inmediata.

Elementos del lenguaje de influencia ética

Elemento 1: Precisión lingüística
Usas lenguaje que es claro, específico y difícil de malinterpretar.
En lugar de: "Esta solución es la mejor." Dices: "Esta solución tiene estas ventajas específicas y estas limitaciones. Para tus necesidades tal como las entiendo, parece adecuada. ¿Estoy entendiendo correctamente tus prioridades?"
En lugar de: "Todos nuestros clientes están satisfechos." Dices: "El 87% de nuestros clientes reportan satisfacción en encuestas. Los problemas más comunes que enfrentan son X y Y."
La precisión no es solo honestidad. Es respeto por la capacidad de la otra persona de evaluar críticamente.

Elemento 2: Transparencia sobre intenciones
Haces explícito lo que quieres y por qué.
"Obviamente tengo interés en que elijas nuestra propuesta. Pero mi objetivo no es convencerte de algo que no necesitas. Mi objetivo es darte información suficiente para que puedas decidir si esto es adecuado para tu situación."
Esta transparencia puede sentirse vulnerable. Puede parecer que "revelas tu mano." Pero construye confianza de manera que ninguna técnica persuasiva puede replicar.

Elemento 3: Invitación, no presión
Tu lenguaje invita a considerar, no presiona a aceptar.
En lugar de: "Necesito tu respuesta hoy." Preguntas: "¿Cuánto tiempo necesitas para considerar esto apropiadamente?"
En lugar de: "¿Hay alguna razón por la que no podamos proceder?" Dices: "¿Qué información adicional necesitarías para sentirte cómodo con una decisión?"
La diferencia es sutil pero crítica. La primera versión hace difícil decir no. La segunda hace fácil decir "necesito más tiempo" o "necesito más información."

Elemento 4: Reconocimiento de complejidad
No simplificas artificialmente para hacer tu propuesta más atractiva.
"Esta decisión tiene trade-offs reales. Si eliges opción A, ganas X pero renuncias a Y. Si eliges opción B, es al revés. No hay opción perfecta. La pregunta es qué trade-off es más aceptable para ti."
Esto puede hacer que tu propuesta parezca menos "obvia." Pero respeta la inteligencia de la otra persona y facilita que tome una decisión que realmente funcione para su contexto.

Elemento 5: Espacio para objeciones
Creas espacio explícito para dudas, preguntas y objeciones.
"¿Qué te preocupa de esto?" "¿Qué tendría que ser diferente para que esto funcionara para ti?" "¿Hay aspectos donde necesitas más claridad?"
No tratas objeciones como ataques a defender. Las tratas como información valiosa sobre qué la persona necesita para tomar una decisión informada.

Uso cuidadoso de estructura lingüística

Hay elementos de PNL relacionados con estructura lingüística que pueden ser útiles si se usan éticamente:

Presuposiciones lingüísticas

Toda comunicación contiene presuposiciones —suposiciones implícitas en cómo estructuras una frase.

"¿Cuándo podemos empezar?" presupone que empezarán. "¿Deberíamos empezar?" no lo presupone.

"¿Qué preguntas tienes?" presupone que hay preguntas. "¿Tienes preguntas?" no lo presupone.

Estas diferencias son reales y tienen efecto sutil en cómo las personas responden.

Uso ético: Puedes usar presuposiciones para facilitar conversación fluida cuando hay contexto apropiado.

Si ya acordaron que van a trabajar juntos y están en fase de implementación, "¿Cuándo podemos empezar?" es apropiado. Presupone algo que ya fue decidido.

Uso manipulativo: Usar presuposiciones para asumir cosas que no fueron acordadas, con intención de hacer difícil que la persona retroceda.

"¿Prefieres la opción básica o premium?" cuando la persona no ha decidido comprar en absoluto.

Principio ético: Usa presuposiciones solo cuando reflejan realidad compartida genuina, no para crear ilusión de acuerdo que no existe.

Framing (encuadre)

Cómo encuadras información afecta cómo se percibe.

"Esta propuesta tiene 70% de probabilidad de éxito" versus "Esta propuesta tiene 30% de probabilidad de fallo."

Estadísticamente equivalentes. Psicológicamente diferentes.

Uso ético: Presentas ambos frames cuando son relevantes, reconociendo que tu elección de frame influye en percepción.

"Esto tiene 70% de probabilidad de éxito, o visto de otra manera, 30% de riesgo de fallo. Ambas perspectivas son válidas."

Uso manipulativo: Eliges deliberadamente el frame que favorece tu objetivo mientras ocultas que hay frames alternativos igualmente válidos.

Principio ético: Si tu elección de frame influye significativamente en cómo algo se percibe, haz explícitos los frames alternativos.

Lenguaje de posibilidad versus absolutos
"Esto podría ayudarte a..." versus "Esto te ayudará a..."
El primero reconoce incertidumbre. El segundo afirma certeza que probablemente no tienes.

Uso ético: Usas lenguaje que refleja honestamente tu nivel de certeza.

Uso manipulativo: Usas lenguaje de certeza para crear confianza falsa cuando los resultados son inciertos.

Principio ético: Tu lenguaje debe reflejar honestamente qué sabes, qué es probable, y qué es incierto.

La regla de oro de la influencia ética

Antes de usar cualquier técnica de influencia lingüística, pregúntate: Si la otra persona supiera exactamente lo que estoy haciendo y por qué, ¿estaría cómoda con ello?

Si la respuesta es sí, probablemente estás en territorio ético.

Si la respuesta es no, o si necesitas racionalizar por qué es aceptable no ser transparente, probablemente estás cruzando una línea.

LÍMITES Y RIESGOS (CUANDO LA INFLUENCIA SE VUELVE MANIPULACIÓN)

La línea entre influencia ética y manipulación no siempre es obvia. Pero hay señales claras de cuándo la has cruzado.

Definición clara de manipulación

La manipulación ocurre cuando:

1. Ocultas información que cambiaría la decisión
Sabes que si la otra persona supiera X, decidiría diferente. Deliberadamente omites o minimizas X.

2. Explotas asimetrías de información
Tienes información que la otra persona no tiene. En lugar de nivelar la información, la usas para tu ventaja.

3. Creas presión artificial
Generas urgencia falsa, escasez artificial, o consecuencias exageradas para reducir el tiempo que la persona tiene para pensar críticamente.

4. Explotas estados emocionales
Deliberadamente elevas emoción (entusiasmo, miedo, ansiedad) porque sabes que reduce pensamiento crítico.

5. Haces difícil decir no
Estructuras la interacción de manera que decir no requiere confrontación incómoda o tiene costo social.

Contextos de vulnerabilidad que aumentan responsabilidad

Hay contextos donde tu responsabilidad ética es mayor porque la otra persona tiene menos capacidad de defenderse:

Asimetría de poder

Si tienes poder sobre la otra persona (jefe-empleado, profesor-estudiante, experto-cliente dependiente), tu uso de técnicas de influencia debe ser proporcionalmente más cuidadoso.

La misma técnica que sería aceptable entre pares puede ser coercitiva en relación jerárquica.

Vulnerabilidad emocional

Si alguien está en crisis, bajo estrés extremo, o emocionalmente vulnerable, su capacidad de pensamiento crítico está reducida. Usar técnicas de influencia en esos momentos es explotación, no persuasión.

Complejidad técnica

Si tienes experticia que la otra persona no tiene, tienes responsabilidad de no usar esa asimetría para tu ventaja. Tu rol es educar e informar, no explotar ignorancia.

Dependencia

Si la otra persona depende de ti (económicamente, profesionalmente, socialmente), tiene menos libertad real de rechazar tu influencia. Eso aumenta tu responsabilidad de ser especialmente cuidadoso.

Señales de que estás manipulando, no influyendo

Señal 1: No quieres que sepan lo que estás haciendo

Si estarías incómodo si la otra persona supiera exactamente qué técnicas estás usando y por qué, probablemente estás manipulando.

Señal 2: Tu éxito depende de que no piensen críticamente

Si necesitas que la persona decida rápido, o en estado emocional elevado, o sin consultar con otros, probablemente estás manipulando.

Señal 3: Omites información deliberadamente

Si hay información relevante que no compartes porque haría más difícil conseguir el resultado que quieres, estás manipulando.

Señal 4: Usas su estado emocional en tu contra

Si estás explotando ansiedad, entusiasmo, o cualquier estado emocional elevado porque sabes que reduce juicio crítico, estás manipulando.

Señal 5: Tu ganancia viene de su pérdida

Si tu beneficio depende de que la otra persona acepte algo contrario a sus intereses, y usas técnicas para ocultar esa realidad, estás manipulando.

El papel de la intención versus impacto

Tu intención puede ser buena, pero si el impacto es reducción de autonomía o decisión que la persona no habría tomado con información completa, el resultado es manipulativo.

"Lo hice por su bien" no es defensa si violaste su autonomía en el proceso.

La ética no se mide solo por intención. Se mide por respeto demostrado a la capacidad de la otra persona de tomar sus propias decisiones.

Cuándo la influencia debe detenerse

Hay momentos donde la respuesta ética es dejar de intentar influir:

Cuando has presentado tu caso claramente y la persona no está convencida: Insistir más allá de ese punto es presión, no persuasión.

Cuando descubres que tu propuesta no es adecuada para esa persona: Tu responsabilidad es decirlo, incluso si significa perder una venta o no lograr tu objetivo.

Cuando la persona dice explícitamente que necesita tiempo o espacio: Respetar eso sin seguir presionando.

Cuando notas que la persona está decidiendo por presión social o emocional, no por convicción: Tu responsabilidad es crear espacio para que decida sin presión, incluso si eso significa perder el resultado que querías.

APLICACIÓN PRÁCTICA RESPONSABLE

Veamos cómo la influencia ética se ejerce en contextos profesionales específicos.

Aplicación 1: Comunicación de liderazgo

Situación: Necesitas comunicar un cambio organizacional que algunos verán negativamente.

Enfoque manipulativo:
"Este cambio es una oportunidad increíble para todos. Vamos a crecer, innovar y transformar la empresa. Los que no estén entusiasmados con esto probablemente no son el tipo de personas que queremos en esta organización."

Esto es manipulativo porque:

- Minimiza impacto negativo real
- Usa lenguaje emocional para evadir análisis crítico
- Crea presión social contra disenso
- Implícitamente amenaza a quienes no estén de acuerdo

Enfoque ético:

"Voy a explicar este cambio honestamente. Para algunos de ustedes, esto será positivo. Para otros, será difícil. Entiendo si están preocupados o molestos.

Aquí está por qué la organización cree que este cambio es necesario: [razones específicas].

Aquí están los impactos que anticipamos: [incluye negativos y positivos].

Aquí está lo que no sabemos todavía: [incertidumbres].

Voy a dar tiempo para preguntas, y si tienen preocupaciones que necesitan abordarse, quiero escucharlas. Este cambio va a ocurrir, pero cómo lo implementamos puede ajustarse basado en su input."

Esto es ético porque:

- Reconoce impacto negativo honestamente
- Explica razonamiento sin ocultar complejidad
- Crea espacio para disenso sin penalizarlo
- Respeta inteligencia de la audiencia

Aplicación 2: Conversación de ventas

Situación: Vendes un servicio y el cliente tiene dudas sobre si es adecuado para su presupuesto.

Enfoque manipulativo:

"Entiendo que el precio parece alto. Pero piensa en lo que te costará NO resolver este problema. ¿Puedes realmente darte el lujo de no invertir en esto? Además, esta oferta solo está disponible hoy. Necesito tu decisión ahora."

Esto es manipulativo porque:

- Usa miedo para presionar
- Crea urgencia artificial
- Hace difícil decir no sin parecer irresponsable
- Fuerza decisión sin tiempo para reflexión

Enfoque ético:

"Entiendo la preocupación sobre presupuesto. Es válida. Déjame ser honesto: si el presupuesto es realmente una restricción fuerte, esta puede no ser la opción correcta para ti ahora.

Hay alternativas menos costosas que podrían ser adecuadas. [Menciona alternativas, incluso de competidores si es relevante.]

Si decides que quieres esto pero el presupuesto es obstáculo, podríamos explorar opciones de pago distribuido. Pero no quiero presionarte a algo que no funciona financieramente para ti.

Tómate el tiempo que necesites para decidir. Si necesitas consultar con tu equipo o revisar presupuesto, eso tiene sentido. Prefiero que tomes una decisión con la que te sientas cómodo."

Esto es ético porque:

- Reconoce legitimidad de la preocupación
- Ofrece alternativas incluso si no te benefician
- Da espacio para decisión reflexiva
- Prioriza ajuste real sobre cerrar la venta

Aplicación 3: Negociación

Situación: Negociando términos de un contrato. Tienes información sobre urgencia de la otra parte que ellos no saben que tienes.

Enfoque manipulativo:
Usas esa información para presionar sabiendo que están bajo presión. No revelas que sabes. Estructuras tus demandas para explotar su urgencia.

Enfoque ético:
Reconoces internamente que tienes esa información pero no la usas para presionar injustamente.

Si la urgencia es obvia (no es información confidencial), podrías decir:
"Parece que hay cierta urgencia de tu lado para cerrar esto. Entiendo eso y no quiero crear demoras artificiales. Pero también quiero asegurarme de que lleguemos a términos que ambos podamos cumplir sosteniblemente, no solo aceptar algo bajo presión que cause problemas después."

Esto reconoce la realidad sin explotarla.

Aplicación 4: Dar feedback difícil

Situación: Necesitas dar feedback sobre rendimiento a un empleado.

Enfoque manipulativo:
Usas lenguaje que hace imposible defender sin parecer defensivo:
"Algunas personas sienten que no eres jugador de equipo. ¿Estás de acuerdo?"

Esto es manipulativo porque:

- Usa "algunas personas" sin especificar
- Hace difícil cuestionar sin parecer problema
- Fuerza acuerdo como única respuesta aceptable

Enfoque ético:
"He observado en tres reuniones recientes que cuando otros proponen ideas, tu primer respuesta tiende a ser señalar problemas sin reconocer aspectos positivos. Por ejemplo, [ejemplos específicos].

Esto puede crear impresión de que estás bloqueando en lugar de colaborando, incluso si tu intención es identificar riesgos importantes.

¿Es consistente esto con cómo tú ves tu comportamiento? ¿Cómo estás pensando sobre esto?"

Esto es ético porque:

- Da observaciones específicas, no generalizaciones
- Distingue comportamiento de intención
- Invita perspectiva del empleado
- Permite que la persona responda genuinamente

Elementos comunes en influencia ética

Nota que en todos los casos:

1. **La transparencia se prioriza**
2. **Se reconocen legitimidad de preocupaciones**
3. **Se crea espacio para decisión reflexiva**
4. **Se respeta autonomía genuinamente**
5. **El resultado justo importa más que conseguir tu objetivo**

PRÁCTICA DE LA HABILIDAD (GIMNASIO ÉTICO DEL LENGUAJE)

Estos ejercicios desarrollarán tu sensibilidad ética en cómo usas lenguaje para influir.

Ejercicio 1: Auditoría ética de lenguaje

Durante una semana, después de cualquier interacción donde intentaste influir en alguien (persuadir, negociar, liderar), reflexiona usando estas preguntas:

¿Transparencia?

- ¿La otra persona podía razonablemente inferir qué yo quería y por qué?
- ¿Oculté información que habría cambiado su decisión?

¿Presión?

- ¿Creé urgencia genuina o artificial?
- ¿Hice difícil que dijeran no?

¿Autonomía?

- ¿Di tiempo y espacio para pensamiento crítico?
- ¿Respeté objeciones o intenté "superarlas"?

¿Equidad?

- ¿Mi ganancia vino de su pérdida?
- ¿Usé ventajas de información o poder injustamente?

No te juzgues duramente. Solo desarrolla consciencia de tus patrones.

Propósito: Desarrollar capacidad de reflexión ética sobre tu propio uso de influencia.

Qué estás entrenando: Consciencia ética en tiempo real.

Ejercicio 2: Reformulación ética

Toma frases persuasivas comunes y practica reformularlas éticamente:

Frase manipulativa: "Esta oferta solo está disponible hoy." **Reformulación ética:** "Esta es nuestra oferta actual. No sé si cambiará, pero no hay razón para decidir hoy si necesitas más tiempo."

Frase manipulativa: "¿Hay alguna razón por la que no podamos proceder?" **Reformulación ética:** "¿Qué necesitas saber o considerar antes de decidir?"

Frase manipulativa: "Todos nuestros clientes están encantados." **Reformulación ética:** "La mayoría de nuestros clientes reportan satisfacción. Los desafíos comunes son X y Y."

Practica esto con lenguaje que usas o escuchas frecuentemente.

Propósito: Desarrollar alternativas éticas automáticas a lenguaje manipulativo común.

Qué estás entrenando: Flexibilidad lingüística ética.

Ejercicio 3: Verificación de consentimiento

En conversaciones donde estás influyendo, practica hacer pausas para verificar que la otra persona está tomando decisiones con autonomía genuina:

"Antes de continuar, quiero verificar: ¿Te sientes presionado de alguna manera, o estás tomando esta decisión con libertad genuina?"

"¿Necesitas más tiempo o más información antes de decidir?"

"Si dijeras no o pidieras más tiempo, ¿te sentirías cómodo haciéndolo?"

Nota cómo responden. Nota si hay congruencia entre sus palabras y su lenguaje no verbal.

Propósito: Entrenar el hábito de verificar consentimiento genuino en lugar de asumir que compliance es lo mismo que acuerdo genuino.

Qué estás entrenando: Sensibilidad a autonomía del otro.

CONCLUSIÓN PROFESIONAL DEL CAPÍTULO

La capacidad de influir en otros mediante lenguaje es una habilidad profesional poderosa. Como toda habilidad poderosa, viene con responsabilidad ética significativa.

La influencia ética no es conseguir que otros hagan lo que tú quieres. Es ayudar a que otros tomen decisiones más informadas, lo cual puede incluir rechazar tu propuesta si no es adecuada para ellos.

Los principios de influencia ética son:

Claridad sobre opciones: Tu lenguaje aumenta comprensión, no la reduce.

Transparencia sobre intenciones: La otra persona puede inferir qué quieres y por qué.

Respeto por autonomía: Creas espacio para pensamiento crítico, tiempo para reflexión, y posibilidad de disenso sin consecuencias negativas.

Honestidad sobre información: No ocultas, minimizas o distorsionas información que cambiaría la decisión.

Reconocimiento de complejidad: No simplificas artificialmente para hacer tu propuesta más atractiva.

La manipulación ocurre cuando ocultas información, explotas asimetrías, creas presión artificial, explotas estados emocionales, o haces difícil decir no. La línea no siempre es obvia, pero hay señales claras: si no quieres que la otra persona sepa lo que estás haciendo, probablemente estás manipulando.

Tu responsabilidad ética es mayor en contextos con asimetría de poder, vulnerabilidad emocional, complejidad técnica, o dependencia.

Los riesgos de influencia sin ética incluyen daño a confianza a largo plazo, disonancia cognitiva interna, y erosión de tu identidad profesional.

En contextos profesionales —liderazgo, ventas, negociación, feedback— la influencia ética construye credibilidad sostenible. La manipulación puede conseguir resultados a corto plazo pero destruye confianza permanentemente.

La ironía es que la influencia ética es, a largo plazo, más efectiva que la manipulación. Las personas confían en quienes respetan su autonomía. Esa confianza es capital que se compone con el tiempo.

Los profesionales más efectivos no son aquellos con las técnicas de persuasión más agresivas. Son aquellos que han construido reputación de honestidad intelectual, de priorizar ajuste real sobre cerrar ventas, de respetar la capacidad de otros de tomar sus propias decisiones.

Esa reputación no se construye con técnicas. Se construye con consistencia ética en miles de interacciones donde tuviste el poder de manipular pero elegiste no hacerlo.

La habilidad de influir revela carácter. Cada vez que usas lenguaje para persuadir, estás demostrando si priorizas tu objetivo sobre la autonomía del otro, o si respetas genuinamente su derecho a decidir incluso cuando eso significa que pueden rechazarte.

Los profesionales maduros entienden que la influencia no es un juego a ganar. Es una responsabilidad a ejercer con integridad. Y que la verdadera maestría incluye saber cuándo dejar de influir y permitir que la otra persona simplemente decida.

El lenguaje de influencia ética es más difícil que el lenguaje de manipulación. Requiere mayor precisión, mayor honestidad, y mayor humildad. Pero construye algo que ninguna técnica persuasiva puede replicar: confianza genuina que sostiene relaciones profesionales a largo plazo.

Si puedes influir en alguien, eres responsable de cómo usas esa capacidad. Esa responsabilidad no es restricción. Es la base de autoridad profesional real.

CAPÍTULO 11
EL SISTEMA OPERATIVO DE LA AGILIDAD COMUNICATIVA

Una directora de operaciones con formación en múltiples metodologías de comunicación —PNL, comunicación no violenta, negociación basada en intereses— se encontró paralizada en una conversación crítica con su junta directiva.

Conocía técnicas de escucha activa. Sabía cómo generar rapport. Podía reencuadrar objeciones. Había practicado anclaje de estados. Entendía principios de influencia ética.

Pero en el momento real, con múltiples conversaciones paralelas ocurriendo, dinámicas de poder complejas, y su propia ansiedad elevándose, no sabía cuál herramienta usar cuándo. Cada técnica que recordaba parecía relevante pero también insuficiente. Intentó escuchar profundamente, pero su estado interno estaba tan activado que no podía procesar lo que oía. Intentó gestionar su estado, pero eso la sacó de la conversación. Intentó reencuadrar, pero su timing estaba mal.

Después de la reunión, reflexionó con frustración: "Tengo todas estas herramientas, pero no sé cómo usarlas juntas. Cuando intento aplicar una, pierdo las otras. Cuando intento aplicar todas, me paralizo."

Este es un problema común entre profesionales que han invertido en desarrollo de habilidades comunicativas: acumulan técnicas sin desarrollar la capacidad de orquestarlas fluidamente en situaciones reales complejas.

En otro contexto, un negociador experimentado nota que su efectividad ha comenzado a declinar. Revisa mentalmente: usa las técnicas correctas, sigue los pasos aprendidos, aplica los modelos apropiadamente. Pero algo se siente mecánico. Las conversaciones ya no fluyen. Las personas responden de manera más guardada que antes.

El problema no es que haya olvidado técnicas. Es que se ha vuelto tan enfocado en ejecutarlas correctamente que ha perdido presencia genuina. Está tan consciente del "metamodelo del lenguaje" que escucha para identificar patrones lingüísticos en lugar de escuchar para entender. Está tan atento a "generar rapport" que sus ajustes se sienten calculados en lugar de naturales.

Ha acumulado herramientas pero ha perdido fluidez.

Un tercer caso: una líder de equipo asiste a múltiples formaciones sobre comunicación efectiva. Cada una le enseña un enfoque diferente. Una enfatiza escucha empática. Otra enfatiza claridad directa. Una tercera enfatiza influencia estratégica. Cada enfoque parece contradecir los otros.

"¿Debería escuchar empáticamente o comunicar directamente? ¿Debería adaptarme al estilo del otro o mantener mi autenticidad? ¿Debería influir estratégicamente o simplemente presentar información honestamente?"

Siente que tiene piezas de diferentes rompecabezas pero ninguna imagen coherente de cómo encajan.

Estos escenarios ilustran que el problema para profesionales competentes frecuentemente no es falta de herramientas. Es falta de un marco integrador que les permita usar esas herramientas adaptativa y fluidamente según lo que cada momento requiere.

LA FALSA PROMESA (LA TÉCNICA AISLADA)

La mayoría de las formaciones en comunicación —incluidas muchas de PNL— enseñan técnicas de manera aislada: "Aquí está cómo hacer rapport. Aquí está cómo reencuadrar. Aquí está cómo usar el metamodelo."

Este enfoque fragmentado crea varios problemas:

Problema 1: Sobrecarga cognitiva

Cada técnica que aprendes añade a tu carga cognitiva durante conversaciones. Si estás consciente de:

- Escuchar estructura lingüística
- Calibrar estado del otro
- Generar rapport mediante ajuste
- Gestionar tu propio estado
- Reencuadrar cuando sea apropiado
- Mantener ética en influencia
- Aplicar metamodelo cuando hay ambigüedad

Tu capacidad de procesamiento consciente se satura. El resultado es que no puedes hacer ninguna de estas cosas bien porque estás intentando hacer todas simultáneamente.

Es como intentar conducir mientras conscientemente piensas: "Presiona acelerador, verifica espejo, mantén distancia, observa señales, cambia velocidad..." Cuando conduces competentemente, muchas de estas cosas ocurren automáticamente, liberando atención consciente para decisiones estratégicas.

Pero cuando aprendes técnicas de comunicación de manera fragmentada, nunca llegas a ese nivel de automatización porque cada técnica se enseña como acción consciente separada.

Problema 2: Aplicación rígida de técnicas

Cuando aprendes técnicas aisladamente, tiendes a aplicarlas rígidamente sin sensibilidad al contexto.

Has aprendido que "reencuadrar es útil," entonces intentas reencuadrar en cada conversación, incluso cuando lo que se necesita es simplemente validación sin reinterpretación.

Has aprendido que "el metamodelo recupera precisión," entonces haces preguntas clarificadoras constantemente, incluso cuando la ambigüedad no importa o cuando hacerlo interrumpe flujo emocional.

Has aprendido que "generar rapport facilita comunicación," entonces intentas ajustarte al otro incluso cuando mantener tu propio centro sería más apropiado.

La técnica se vuelve fin en sí misma en lugar de medio contextual.

Problema 3: Pérdida de presencia

Cuando estás ejecutando técnicas conscientemente, no estás genuinamente presente en la conversación. Estás en tu cabeza, monitoreando tu desempeño, recordando pasos, evaluando si lo estás haciendo correctamente.

Las personas detectan esta falta de presencia. Sienten que estás ejecutando algo en ellos en lugar de estar con ellos.

El resultado es peor comunicación, no mejor, a pesar de tener más herramientas.

Problema 4: Fragmentación sin integración

Diferentes técnicas pueden parecer contradictorias si no entiendes cómo se relacionan:

"Escucha profunda" parece contradecir "influencia estratégica." "Autenticidad" parece contradecir "adaptación al estilo del otro." "Claridad directa" parece contradecir "sensibilidad emocional."

Pero estas no son contradicciones reales. Son énfasis diferentes que son apropiados en contextos diferentes o que operan en niveles diferentes del sistema comunicativo.

Sin un marco integrador, permanecen como opciones fragmentadas entre las cuales no sabes cómo elegir.

Problema 5: Dependencia de métodos en lugar de desarrollo de juicio

Cuando tu enfoque es acumular técnicas, te vuelves dependiente de métodos externos en lugar de desarrollar tu propio juicio situacional.

"¿Qué técnica debería usar aquí?"

Esta pregunta asume que hay una técnica correcta para cada situación. Pero la realidad es más compleja. La mayoría de las situaciones requieren integración fluida de múltiples elementos, ajustada continuamente según cómo se desarrolla la interacción.

No puedes resolver eso con más técnicas. Necesitas capacidad de pensar sistemáticamente sobre comunicación.

Tu fatiga con métodos fragmentados es válida

Si has sentido que aprender más técnicas no te está haciendo más efectivo, o si te sientes abrumado intentando recordar qué herramienta usar cuándo, tu frustración es completamente razonable.

No eres deficiente. El enfoque fragmentado es insuficiente para la complejidad de comunicación profesional real.

Lo que necesitas no es más herramientas. Es un marco que integre las que ya tienes en un sistema coherente y adaptable.

LO QUE REALMENTE FUNCIONA (PENSAR EN SISTEMAS)

En lugar de pensar en comunicación como una colección de técnicas aisladas, piensa en ella como un sistema dinámico con múltiples elementos que interactúan continuamente.

La metáfora del sistema operativo

Tu computadora tiene un sistema operativo que coordina múltiples procesos simultáneamente: gestión de memoria, procesamiento de entrada, actualización de pantalla, ejecución de aplicaciones. No tienes que pensar conscientemente en cada proceso. El sistema operativo los coordina automáticamente según demanda y prioridad.

Tu comunicación necesita algo similar: un "sistema operativo" mental que coordina múltiples capacidades sin requerir microgestión consciente de cada una.

Este sistema operativo no es una técnica adicional. Es un marco conceptual que organiza cómo piensas sobre y respondes a situaciones comunicativas complejas.

Los elementos del sistema comunicativo

Piensa en comunicación efectiva como sistema con estos elementos interrelacionados:

1. Atención
Dónde está tu atención en cualquier momento:

- ¿En el otro?
- ¿En ti mismo?
- ¿En el contenido de la conversación?
- ¿En la dinámica de la relación?
- ¿En el contexto más amplio?

Tu atención puede moverse fluidamente entre estos focos según qué necesita atención en el momento.

2. Estado
Tu estado fisiológico-emocional actual:

- ¿Calma o activación?
- ¿Presencia o distracción?
- ¿Apertura o cierre?

Tu estado influye en tu capacidad de acceder a tus otras capacidades. Si tu estado se deteriora significativamente, tu capacidad de escuchar, pensar claramente, o regular comportamiento se reduce.

3. Calibración
Tu capacidad de leer señales del otro y de la interacción:

- ¿Qué estado tiene la otra persona?
- ¿Cómo está respondiendo a lo que dices?
- ¿Dónde hay apertura y dónde hay resistencia?
- ¿Qué cambia momento a momento?

4. Lenguaje
Cómo estructuras y usas lenguaje:

- ¿Precisión vs. ambigüedad?
- ¿Preguntas vs. afirmaciones?
- ¿Lenguaje que abre opciones vs. lenguaje que cierra?
- ¿Transparencia vs. opacidad?

5. Marco interpretativo
El marco desde el cual ambos están interpretando la situación:

- ¿Están operando con el mismo marco?
- ¿Hay marcos alternativos que serían más útiles?
- ¿Qué suposiciones están implícitas?

6. Relación
La calidad de conexión y confianza:

- ¿Hay rapport básico?
- ¿Hay confianza suficiente para honestidad?
- ¿La relación tiene historia que influye en el presente?

7. Ética
Tus límites éticos y responsabilidades:

- ¿Estás respetando autonomía?
- ¿Hay transparencia apropiada?
- ¿Dinámicas de poder que requieren cuidado extra?

Estos elementos no operan de manera aislada. Interactúan continuamente:

Tu estado afecta tu capacidad de calibrar. Tu calibración informa qué lenguaje usas. El lenguaje que usas afecta el marco interpretativo. El marco afecta la relación. La relación afecta tu estado. Y la ética informa todo.

Principios de operación del sistema

Principio 1: Interdependencia

No puedes optimizar un elemento ignorando los otros.

Ejemplo: Si intentas usar lenguaje de influencia sofisticado pero tu estado es ansioso y tu calibración es pobre, el lenguaje sofisticado será contraproducente.

Si tienes rapport excelente pero tu lenguaje es impreciso, el rapport no compensará la confusión.

Si tu ética es impecable pero tu estado está tan deteriorado que no puedes pensar claramente, tu ética no te ayudará a comunicar efectivamente.

Principio 2: Atención es el recurso limitante

No puedes atender conscientemente a todos los elementos simultáneamente. Tu atención consciente debe moverse fluidamente entre elementos según qué necesita atención en el momento.

La competencia consiste en desarrollar suficiente automatización de elementos básicos que tu atención consciente esté libre para decisiones estratégicas.

Principio 3: El contexto determina prioridad

En diferentes contextos, diferentes elementos del sistema son más críticos:

En una negociación de alto riesgo: calibración y lenguaje pueden ser más críticos.

En una conversación de apoyo emocional: estado propio, presencia y validación pueden ser más críticos.

En una reunión de decisión compleja: marco interpretativo y claridad de lenguaje pueden ser más críticos.

No hay jerarquía fija. La prioridad es contextual.

Principio 4: Adaptabilidad sobre consistencia

La efectividad comunicativa no viene de aplicar el mismo enfoque consistentemente. Viene de adaptar tu enfoque continuamente según lo que la situación y la otra persona requieren.

Esto no es inautenticidad. Es flexibilidad inteligente.

Principio 5: Retroalimentación continua

El sistema se ajusta basándose en retroalimentación continua:

Dices algo → observas cómo responde la otra persona → ajustas tu próxima intervención basado en esa respuesta.

No ejecutas un plan fijo. Navegas dinámicamente.

De técnicas a capacidades integradas

El objetivo no es ejecutar técnicas correctamente. Es desarrollar capacidades que operan de manera integrada:

Presencia: Estar genuinamente ahí, con atención flexible.

Sensibilidad: Notar lo que está pasando en múltiples niveles.

Flexibilidad: Ajustar comportamiento según contexto sin perder autenticidad.

Precisión: Usar lenguaje que clarifica en lugar de obscurecer.

Responsabilidad: Mantener consciencia ética continua.

Estas capacidades no son técnicas que ejecutas. Son cualidades de cómo operas.

La analogía de navegación

Piensa en comunicación efectiva como navegación:

Un navegante competente no sigue un plan fijo. Lee continuamente viento, corrientes, posición, y ajusta rumbo constantemente.

Tiene mapas (modelos conceptuales de cómo funciona navegación). Tiene instrumentos (técnicas específicas). Pero su competencia real es capacidad de integrar información de múltiples fuentes y tomar decisiones adaptativas en tiempo real.

No pregunta "¿qué técnica de navegación debería usar?" Pregunta "¿qué está pasando ahora y qué respuesta es apropiada?"

Tu comunicación puede operar así: integrando múltiples fuentes de información, ajustando continuamente, usando juicio contextual en lugar de aplicación rígida de técnicas.

LÍMITES Y RIESGOS (CUANDO EL SISTEMA SE VUELVE RÍGIDO)

Como con cualquier marco conceptual, el pensamiento sistémico sobre comunicación tiene riesgos si se usa mal.

Riesgo 1: Sobre-intelectualización

Puedes volverte tan consciente del "sistema" que pierdes espontaneidad.

"Necesito calibrar antes de responder. Pero también necesito gestionar mi estado. Y asegurarme de que mi lenguaje sea ético. Y verificar el marco interpretativo..."

Esto es análisis parálisis. El sistema se supone que simplifica tu pensamiento, no que lo complique.

Mitigación: Usa el marco para reflexión post-conversación, no para microgestión durante conversación. Durante la conversación, confía en tu capacidad desarrollada.

Riesgo 2: Identidad atada a "ser bueno en comunicación"

Si tu identidad se vuelve "soy la persona que es excelente comunicando," puedes volverte defensivo cuando las conversaciones no van bien.

Cada conversación difícil se convierte en amenaza a tu identidad, lo cual paradójicamente reduce tu efectividad.

Mitigación: Mantén humildad. Todas las conversaciones son oportunidades de aprendizaje. No hay maestría final.

Riesgo 3: Usar el sistema como excusa para control

"Estoy gestionando el sistema comunicativo" puede convertirse en racionalización para comportamiento manipulativo.

Pero gestionar el sistema no significa controlar al otro. Significa gestionar tus propias capacidades y respuestas.

Mitigación: La ética es componente no negociable del sistema. No es opcional ni contextual.

Riesgo 4: Complejidad innecesaria

Puedes añadir elementos al sistema hasta que se vuelva tan complejo que no es útil.

El sistema debe simplificar tu pensamiento, no añadir capas de análisis.

Mitigación: Mantén el sistema lo más simple posible. Solo añade complejidad cuando clarifica, no por completitud académica.

Riesgo 5: Dogmatismo del sistema

Puedes volverte tan comprometido con tu modelo del sistema que ignoras evidencia de que no es completamente preciso o útil en todos los contextos.

Mitigación: El sistema es heurístico, no verdad. Úsalo cuando es útil. Ignóralo cuando no lo es.

La regla fundamental: Los modelos sirven a ti, no al revés

El sistema operativo es herramienta de pensamiento. No es realidad objetiva. No es prescripción rígida.

Cuando el modelo te ayuda a pensar con mayor claridad y actuar más efectivamente, úsalo. Cuando se convierte en obstáculo, déjalo ir.

Tu juicio siempre supera al modelo.

APLICACIÓN PRÁCTICA RESPONSABLE

Veamos cómo el sistema operativo funciona en situaciones profesionales complejas.

Aplicación 1: Negociación compleja con múltiples partes

Situación: Negociación donde hay tres partes con intereses diferentes. La conversación es tensa. Hay historia de desconfianza.

Sistema en operación:

Antes de la reunión:

Elemento: Estado Te preparas para entrar en estado de calma alerta. Usas respiración, revisas tus objetivos, te recuerdas que tu trabajo es facilitar acuerdo justo, no "ganar."

Elemento: Marco interpretativo Anticipas los marcos diferentes desde los cuales cada parte probablemente ve la situación. Preparas maneras de hacer esos marcos explícitos.

Primeros cinco minutos:

Elemento: Atención Tu atención está en calibración: ¿Cómo está cada parte entrando a esta conversación? ¿Dónde hay tensión visible?

Elemento: Relación Reconoces la tensión abiertamente: "Sé que hay historia complicada entre algunos de ustedes. Mi objetivo hoy es facilitar una conversación donde todos puedan expresar sus intereses honestamente."

Esto establece transparencia y reduce necesidad de fingir que todo está bien.

Durante discusión de un punto contentioso:
Elemento: Calibración Notas que cuando Parte A habla, Parte B se cierra visiblemente (brazos cruzados, mirada hacia abajo). Parte C parece frustrada pero no dice nada.

Elemento: Decisión de intervención Decides que necesitas hacer explícito lo que está pasando implícitamente.

Elemento: Lenguaje "Noto que cuando A propone X, hay reacciones fuertes. B, parece que tienes reservas. C, veo que estás pensando algo. ¿Sería útil que cada uno articule qué es lo que realmente les preocupa sobre esta propuesta?"

Momento de escalación potencial:
Parte A dice algo que Parte B interpreta como ataque personal. B responde defensivamente. La temperatura emocional sube.

Elemento: Estado propio Notas que tu propia ansiedad está aumentando. Respiras deliberadamente para mantenerte centrado.

Elemento: Reencuadre "Creo que lo que A está diciendo es [reencuadras el contenido sin el tono de ataque]. Y lo que B está respondiendo es [reencuadras la defensa como preocupación legítima]. ¿Estoy entendiendo correctamente?"

Elemento: Marco interpretativo "Me parece que ambos están operando con marcos diferentes de lo que este acuerdo debería lograr. ¿Podríamos hacer eso explícito?"

Final de la reunión:
Elemento: Ética Verificas que el acuerdo emergente es genuinamente aceptable para todos, no solo compliance bajo presión:

"Antes de cerrar, quiero verificar con cada uno: ¿Este acuerdo es algo con lo que pueden trabajar genuinamente, o sienten presión de aceptar?"

Análisis del sistema en acción:
Nota cómo tu atención se movió fluidamente entre elementos:

- Gestionaste tu propio estado cuando era necesario
- Calibraste continuamente estado y reacciones de otros
- Usaste lenguaje para clarificar en lugar de persuadir
- Reencuadraste cuando ayudó a reducir conflicto
- Hiciste explícitos marcos interpretativos diferentes
- Mantuviste consciencia ética continua
- Priorizaste relación sobre resolver rápidamente

No ejecutaste "técnicas." Navegaste dinámicamente usando múltiples capacidades integradas.

Aplicación 2: Conversación de feedback con empleado defensivo

Situación: Necesitas dar feedback crítico a empleado que históricamente se pone muy defensivo.

Sistema en operación:

Preparación:

Elemento: Marco interpretativo propio Reconoces tu propio marco: "Este empleado es defensivo" puede estar sesgando cómo interpretas su comportamiento. Decides mantener apertura a que su "defensividad" puede ser algo más (protección de autoestima, ansiedad sobre desempeño, malentendido de expectativas).

Elemento: Estado Entras a la conversación en estado de calma y genuina intención de ayudar, no castigar.

Apertura:

Elemento: Relación Estableces contexto relacional: "Quiero tener esta conversación de manera que sea útil para ti, no solo que yo descargue feedback. ¿Cómo prefieres que abordemos esto?"

Esto da algo de control al empleado, reduciendo defensividad anticipada.

Presentación del feedback:

Elemento: Lenguaje Usas lenguaje específico y conductual, no evaluativo: "En las últimas tres reuniones de equipo, cuando otros propusieron ideas, tu primera respuesta fue señalar problemas sin reconocer aspectos positivos. Por ejemplo..." [das ejemplos específicos]

Elemento: Calibración Observas: ¿Cómo está recibiendo esto? Notas tensión pero todavía apertura.

Momento de defensividad:

Empleado dice: "Eso no es justo. Yo solo estoy siendo realista sobre riesgos. Nadie más los señala."

Elemento: Estado propio Notas tu propia reacción (leve frustración) y no actúas desde ella.

Elemento: Validación antes de reencuadre "Entiendo que tu intención es identificar riesgos importantes. Eso es valioso." [Validación genuina.]

"Y también es cierto que la forma en que se presenta puede crear impresión de bloqueo en lugar de evaluación constructiva. No estoy cuestionando tu intención. Estoy señalando el impacto." [Reencuadre de intención vs. impacto.]

Elemento: Invitación a perspectiva "¿Cómo ves tú esto? ¿Es consistente con cómo percibes tus interacciones?"

Cierre:

Elemento: Ética Verificas que el empleado no se siente atacado sino apoyado: "Quiero asegurarme de que esta conversación fue útil. ¿Saliste con claridad sobre qué sería útil ajustar, o te sientes simplemente criticado?"

Análisis del sistema:

Tu atención se movió entre gestionar tu propio estado, calibrar reacciones del empleado, usar lenguaje preciso, validar antes de reencuadrar, y verificar que la ética relacional se mantuvo.

No seguiste un guion. Respondiste adaptativamente a lo que el momento requería.

Aplicación 3: Presentación a audiencia escéptica

Situación: Presentas propuesta controvertida a grupo que anticipa será hostil.
Sistema en operación:
Entrada:
Elemento: Estado Gestionas tu propia ansiedad anticipatoria mediante preparación rigurosa y técnicas de regulación.

Elemento: Marco Decides no entrar con marco de "yo vs. ellos" sino con "todos queremos resolver este problema; tenemos perspectivas diferentes sobre cómo."

Apertura:
Elemento: Calibración Lees la sala: ¿Dónde está la energía? ¿Quién parece más resistente? ¿Hay aliados potenciales?

Elemento: Lenguaje Empiezas reconociendo perspectivas diferentes:
"Sé que hay opiniones fuertes sobre este tema. Voy a presentar mi análisis, pero también quiero entender sus preocupaciones. No estoy aquí para convencerlos de algo predeterminado."

Durante preguntas hostiles:
Una persona hace pregunta con tono agresivo que implica que no has considerado algo obvio.

Elemento: Estado propio Notas defensividad surgiendo. Respiras antes de responder.

Elemento: Reencuadre interno Reencuadras la hostilidad: "Esta persona está preocupada por algo legítimo. El tono es hostil pero la preocupación puede ser válida."

Elemento: Lenguaje "Esa es una preocupación importante. Déjame explicar cómo lo consideré en el análisis..." [Respondes al contenido, no al tono.]

Momento crítico:
Notas que estás perdiendo a la audiencia. Algo no está resonando.

Elemento: Atención Pausas internamente. ¿Qué está pasando? Reconoces: estás presentando datos pero la audiencia necesita primero que sus preocupaciones emocionales sean reconocidas.

Elemento: Ajuste "Voy a pausar la presentación por un momento. Siento que hay preocupaciones importantes que no he abordado. ¿Qué les preocupa más sobre esta propuesta?"

Das espacio para que expresen resistencia, lo cual paradójicamente reduce resistencia.

Análisis del sistema:
Ajustaste continuamente basado en calibración. Gestionaste tu estado bajo

presión. Usaste lenguaje que reconocía complejidad. Reencuadraste hostilidad como preocupación. Y cuando notaste que tu enfoque no funcionaba, tuviste flexibilidad de cambiarlo en tiempo real.

PRÁCTICA DE LA HABILIDAD (GIMNASIO DE INTEGRACIÓN)

Estos ejercicios entrenan tu capacidad de pensar y operar sistemáticamente.

Ejercicio 1: Revisión sistémica post-conversación

Después de conversaciones profesionales importantes, tómate 10 minutos para revisarlas usando el marco sistémico:

Atención: ¿Dónde estuvo mi atención durante la conversación? ¿Se movió apropiadamente o se quedó fija en un elemento?

Estado: ¿Cómo fue mi estado? ¿En qué momentos se deterioró? ¿Qué lo afectó?

Calibración: ¿Qué tan bien leí al otro? ¿Hubo señales que perdí? ¿Hubo momentos donde sobre-interpreté?

Lenguaje: ¿Mi lenguaje aumentó claridad o confusión? ¿Hubo momentos donde podría haber sido más preciso o más transparente?

Marco: ¿Estábamos operando con el mismo marco? ¿Hubo momentos donde marcos diferentes crearon malentendido?

Relación: ¿La calidad de conexión facilitó u obstaculizó? ¿Hice algo que dañó o construyó confianza?

Ética: ¿Respeté autonomía? ¿Fui transparente apropiadamente? ¿Hubo momentos donde estuve en terreno ético ambiguo?

Propósito: Desarrollar consciencia de cómo los elementos del sistema interactúan en tu comunicación real.

Qué estás entrenando: Pensamiento sistémico aplicado a tu propia práctica.

Ejercicio 2: Identificación del elemento dominante

Durante una semana, después de conversaciones, identifica qué elemento del sistema fue más crítico en esa conversación específica:

"En esa negociación, calibración fue crítica. Todo dependió de leer correctamente las señales."

"En esa conversación de apoyo, mi estado y presencia fueron lo más importante. La técnica importó menos."

"En esa presentación, el marco interpretativo fue determinante. Hasta que reencuadré el problema, nada más funcionó."

Propósito: Desarrollar intuición sobre qué priorizar en diferentes contextos.

Qué estás entrenando: Juicio contextual sobre dónde poner atención.

Ejercicio 3: Práctica de ajuste en tiempo real

En conversaciones de bajo riesgo, practica deliberadamente mover tu atención entre diferentes elementos del sistema:

Primeros 2 minutos: Enfócate en calibración. ¿Qué estás notando sobre el estado y respuestas del otro?

Siguientes 2 minutos: Enfócate en tu lenguaje. ¿Está siendo preciso? ¿Está abriendo o cerrando opciones?

Siguientes 2 minutos: Enfócate en marco interpretativo. ¿Desde qué marco están ambos viendo esto?

Propósito: Entrenar flexibilidad de atención entre elementos del sistema.

Qué estás entrenando: Capacidad de dirigir conscientemente atención sin perderte en un solo elemento.

CONCLUSIÓN PROFESIONAL DEL CAPÍTULO

La agilidad comunicativa no viene de acumular más técnicas. Viene de desarrollar un sistema operativo mental que integra múltiples capacidades en respuesta adaptativa y fluida.

Los elementos del sistema comunicativo —atención, estado, calibración, lenguaje, marco interpretativo, relación, ética— no operan aisladamente. Interactúan continuamente. Tu estado afecta tu calibración. Tu calibración informa tu lenguaje. Tu lenguaje afecta el marco. El marco afecta la relación. Y la ética informa todo.

La competencia comunicativa no consiste en ejecutar técnicas correctamente. Consiste en navegar dinámicamente este sistema, moviendo tu atención entre elementos según lo que el momento requiere, ajustando continuamente basado en retroalimentación.

Los principios de operación del sistema son:

Interdependencia: No puedes optimizar un elemento ignorando los otros.

Atención como recurso limitante: Tu atención consciente debe moverse fluidamente, no fijarse.

Prioridad contextual: Diferentes contextos requieren énfasis en diferentes elementos.

Adaptabilidad sobre consistencia: La efectividad viene de flexibilidad inteligente, no de aplicación rígida.

Retroalimentación continua: Navegas dinámicamente, no ejecutas plan fijo.

Los riesgos del pensamiento sistémico incluyen sobre-intelectualización, identidad atada a competencia comunicativa, usar el sistema como excusa para control, complejidad innecesaria, y dogmatismo del modelo.

La regla fundamental es que los modelos sirven a ti, no al revés. El sistema es heurístico, no verdad. Úsalo cuando clarifica. Déjalo ir cuando obstaculiza.

En situaciones profesionales complejas —negociaciones con múltiples partes, feedback a personas defensivas, presentaciones a audiencias escépticas — el sistema operativo te permite responder adaptativamente en lugar de ejecutar técnicas rígidamente.

No sigues un guion. Lees continuamente lo que está pasando en múltiples niveles, priorizas qué necesita atención, ajustas tu comportamiento, observas resultado, y vuelves a ajustar.

Esta es la diferencia entre competencia técnica y maestría real: competencia técnica es ejecutar técnicas correctamente; maestría es saber cuándo aplicar qué, cómo integrar múltiples capacidades fluidamente, y cuándo dejar ir técnica completamente y simplemente estar presente.

El desarrollo de este sistema operativo no ocurre leyendo. Ocurre mediante práctica reflexiva sostenida: conversaciones reales, reflexión honesta sobre qué funcionó y qué no, identificación de patrones en tu propia efectividad, ajuste continuo de tu enfoque.

Con el tiempo, el sistema se vuelve implícito. Ya no piensas conscientemente "ahora necesito calibrar, ahora necesito gestionar mi estado." Tu atención se mueve naturalmente donde necesita ir. Tu comportamiento se ajusta automáticamente. El sistema operativo se vuelve parte de cómo operas naturalmente.

Eso no es perfección. Es competencia fluida. Es la capacidad de navegar complejidad comunicativa sin análisis parálisis, sin rigidez técnica, y sin perder autenticidad.

Los profesionales más efectivos no son aquellos con el mayor arsenal de técnicas. Son aquellos que han desarrollado capacidad sistémica de responder adaptativamente a lo que cada momento requiere, integrando múltiples capacidades fluidamente, manteniendo presencia genuina, y operando con integridad ética continua.

Ese es el objetivo final de este libro: no que tengas más herramientas, sino que desarrolles mayor capacidad de orquestarlas. No que memorices técnicas, sino que desarrolles sistema operativo mental que te permita comunicar con agilidad, precisión y humanidad en la complejidad del mundo profesional real.

Ya no necesitas más herramientas. Necesitas mejor orquestación. Y ahora tienes el marco para desarrollarla.

CAPÍTULO 12
AUTONOMÍA PROFESIONAL Y CRITERIO PROPIO

Un consultor senior con más de veinte años de experiencia se encontró en una situación incómoda. Después de años de dominar múltiples metodologías *PNL, Design Thinking, Lean, Agile* se dio cuenta de que había comenzado a depender excesivamente de ellas. En cada proyecto, buscaba qué "framework" aplicar. En cada conversación difícil, pensaba "¿qué modelo debería usar aquí?"

Un día, un cliente le preguntó: "¿Qué haría usted, sin seguir ninguna metodología específica? Simplemente desde su experiencia y criterio."

La pregunta lo desestabilizó. Se dio cuenta de que había externalizado tanto su pensamiento a frameworks que había perdido confianza en su propio juicio. Sin un método que seguir, se sentía inseguro.

Esta dependencia no había aparecido de la noche a la mañana. Había comenzado razonablemente: aprender herramientas útiles, aplicarlas, ver resultados. Pero gradualmente, las herramientas se habían convertido en muletas. Su identidad profesional se había fusionado con "soy un experto en X metodología" en lugar de "soy alguien con criterio sólido que usa herramientas selectivamente."

Cuando enfrentaba un problema sin un método obvio aplicable, se paralizaba. Cuando necesitaba desviarse del framework para adaptarse al contexto específico, dudaba. Había ganado competencia técnica pero había perdido algo más fundamental: confianza en su propia capacidad de pensar.

En otro contexto, una líder de equipo había invertido significativamente en aprender PNL. Aplicaba las técnicas diligentemente. Veía resultados. Pero también notaba algo preocupante: había comenzado a ver todas las interacciones a través del lente de PNL. Cada conversación era una oportunidad de "aplicar rapport." Cada conflicto era un problema de "marcos interpretativos." Cada decisión requería "gestión de estado."

Un colega le comentó después de una reunión: "Siento que estás ejecutando algo en mí en lugar de simplemente hablar conmigo."

Eso le dolió porque era verdad. Había aprendido herramientas efectivas pero había perdido naturalidad. Se había vuelto tan consciente de la técnica que había perdido presencia genuina.

Estos escenarios ilustran un riesgo que enfrentan todos los profesionales que invierten en desarrollo de habilidades: la línea entre usar herramientas competentemente y depender de ellas excesivamente es más fina de lo que parece.

La competencia genuina no es dominio de técnicas. Es capacidad de decidir cuándo usar técnicas, cuándo adaptarlas, y cuándo ignorarlas completamente y confiar en tu juicio directo.

La autonomía profesional —la capacidad de pensar independientemente, tomar decisiones sin necesitar validación externa de un método, y confiar en tu criterio contextual— es el objetivo final de cualquier aprendizaje genuino.

Este capítulo trata sobre recuperar o fortalecer esa autonomía.

LA FALSA PROMESA (EL MÉTODO COMO AUTORIDAD)

Hay una tendencia humana comprensible de buscar certeza en un mundo profesional lleno de ambigüedad. Los métodos, frameworks y técnicas ofrecen algo reconfortante: la ilusión de que si sigues los pasos correctamente, obtendrás resultados predecibles.

Por qué dependemos de métodos

Razón 1: Reducen ansiedad

La ambigüedad genera ansiedad. "¿Qué debería hacer en esta situación?" es una pregunta incómoda. "¿Qué dice el framework que debería hacer?" es más cómoda porque externaliza la responsabilidad de decisión.

Si sigues el método y no funciona, puedes culpar al método. Si usas tu criterio y no funciona, la responsabilidad es completamente tuya.

Razón 2: Proporcionan identidad profesional

"Soy un practicante de PNL" o "Soy un facilitador de Design Thinking" son identidades claras. "Soy alguien con buen criterio" es más vago y difícil de comunicar.

Los métodos dan pertenencia a comunidad, lenguaje compartido, y sentido de experticia específica.

Razón 3: Simplifican complejidad

La realidad profesional es compleja, contextual y ambigua. Los métodos ofrecen simplificación: "En situación X, haz Y." Eso es cognitivamente más simple que "En situación X, considera A, B, C, D, evalúa según contexto, usa juicio, y decide."

Razón 4: Facilitan comunicación con otros

Si ambos conocemos el mismo framework, podemos comunicarnos eficientemente usando ese lenguaje compartido. "Necesitamos reencuadrar esto" es más rápido que explicar el concepto cada vez.

Estas razones son válidas. Los métodos tienen utilidad real. El problema no es usar métodos. El problema es depender de ellos hasta el punto donde tu pensamiento colapsa sin ellos.

Las señales de dependencia excesiva

Señal 1: No puedes operar sin el framework

Si enfrentas una situación donde tu método preferido no aplica obviamente y te paralizas, has cruzado de uso a dependencia.

Señal 2: Tu identidad está fusionada con el método

Si cuestionamientos al método se sienten como ataques personales, tu identidad se ha fusionado con él de manera poco saludable.

Señal 3: Ves todo a través del lente del método

Si cada problema parece requerir tu herramienta específica, has perdido capacidad de ver problemas desde múltiples perspectivas.

Señal 4: Buscas validación del método antes de confiar en tu criterio

Si tu primer impulso ante una decisión es "¿qué dice el framework sobre esto?" en lugar de "¿qué pienso yo sobre esto?", has externalizado tu pensamiento.

Señal 5: Defiendes el método dogmáticamente

Si respondes a críticas o limitaciones del método con defensividad en lugar de curiosidad, estás operando desde creencia, no desde evaluación racional.

El costo de la dependencia

La dependencia excesiva de métodos tiene costos reales:

Rigidez: Pierdes capacidad de adaptación cuando el contexto requiere desviación del método.

Pérdida de creatividad: Los frameworks estructuran pensamiento de maneras específicas. Eso puede facilitar ciertos tipos de soluciones pero oscurecer otras.

Erosión de confianza interna: Cuanto más dependes de métodos externos, menos confías en tu propio juicio. Esa confianza se atrofia con el desuso.

Vulnerabilidad a cambios de paradigma: Si tu competencia está completamente invertida en un método específico y ese método cae en desuso o es desacreditado, tu identidad profesional colapsa.

Relaciones menos auténticas: Cuando estás ejecutando un método en lugar de estar genuinamente presente, las personas lo detectan. La conexión se reduce.

Por qué este libro podría perpetuar dependencia

Es irónico pero importante reconocerlo: este libro, como cualquier libro sobre métodos, podría reforzar dependencia si no eres cuidadoso.

Podrías leerlo y pensar: "Ahora tengo el enfoque correcto de PNL. Voy a aplicar estas herramientas como se describen aquí."

Esa no es la intención. La intención es que desarrolles tu propia capacidad de evaluar qué es útil, en qué contextos, y cómo adaptarlo a tu situación específica.

Si sales de este libro sintiendo que "ahora sé cómo usar PNL correctamente," es un fracaso. Si sales sintiendo que "ahora tengo mayor capacidad de evaluar críticamente herramientas comunicativas y decidir autónomamente cuándo y cómo usarlas," es éxito.

La autonomía significa que no necesitas este libro, ni ningún otro, como fuente permanente de autoridad. Tomas lo que es útil, lo integras con tu experiencia y juicio, y sigues adelante.

LO QUE REALMENTE FUNCIONA (CRITERIO PROPIO)

La autonomía profesional no es rechazo de herramientas o métodos. Es la capacidad de relacionarte con ellos como opciones que evalúas críticamente, no como autoridades que obedeces ciegamente.

Los componentes de la autonomía profesional

Componente 1: Capacidad de evaluación crítica

Puedes examinar cualquier método, técnica o framework y preguntarte:

- ¿Qué suposiciones están implícitas aquí?
- ¿En qué contextos es esto útil y en cuáles no?
- ¿Qué evidencia respalda esto?
- ¿Qué limitaciones tiene?
- ¿Cómo se compara con alternativas?

Esta evaluación no es cinismo. Es pensamiento riguroso. No asumes que algo funciona solo porque un experto lo dice o porque está de moda. Tampoco asumes que no funciona solo porque eres escéptico.

Evalúas con mente abierta pero crítica.

Componente 2: Tolerancia a la ambigüedad

La autonomía requiere capacidad de operar sin certeza completa.

En muchas situaciones profesionales, no hay una respuesta correcta obvia. Hay opciones con trade-offs diferentes. Hay incertidumbre genuina sobre qué funcionará.

Las personas dependientes de métodos buscan eliminar esa incertidumbre siguiendo el framework. Las personas autónomas reconocen la incertidumbre, hacen su mejor evaluación, toman una decisión, y ajustan según resultados.

No necesitas certeza para actuar. Necesitas suficiente información, juicio razonable, y disposición a aprender de errores.

Componente 3: Confianza calibrada

La autonomía no es arrogancia. No es "siempre confío en mi juicio porque soy experto."

Es confianza calibrada: confías en tu juicio en dominios donde tienes experiencia sustancial, y buscas ayuda o consultas en dominios donde no la tienes.

Sabes qué sabes, qué no sabes, y qué no sabes que no sabes. Esa consciencia de límites es crucial.

Componente 4: Capacidad de integración selectiva

Cuando encuentras una herramienta nueva, no la adoptas completamente ni la rechazas completamente.

Extraes lo que parece útil, lo pruebas en tu contexto, observas resultados, y decides qué mantener y qué descartar.

No necesitas ser "un practicante de X" para usar selectivamente ideas de X cuando son apropiadas.

Componente 5: Flexibilidad metodológica

Puedes operar desde diferentes paradigmas según el contexto lo requiera.

En una situación, un enfoque de PNL es útil. En otra, un enfoque de comunicación no violenta es más apropiado. En otra, simplemente hablar directamente sin técnica específica es mejor.

No estás limitado a un solo framework. Tampoco estás intentando aplicar todos simultáneamente. Eliges contextualmente.

Componente 6: Pensamiento de primer principio

Cuando enfrentas un problema, puedes pensar desde primeros principios en lugar de buscar inmediatamente un método aplicable.

"¿Qué está realmente pasando aquí? ¿Qué necesita pasar? ¿Qué factores son relevantes? ¿Qué opciones tengo?"

Esta capacidad de pensar desde fundamentos en lugar de desde frameworks es el núcleo de la autonomía.

La relación madura con herramientas

Una relación madura con herramientas y métodos se caracteriza por:

Apreciación sin adhesión: Valoras las herramientas que son útiles pero no las conviertes en identidad o dogma.

Uso selectivo: Usas lo que funciona en el contexto actual, no lo que "deberías" usar según el método.

Adaptación libre: Modificas, combinas, o ignoras aspectos del método según tu juicio, no según ortodoxia.

Escepticismo informado: Cuestionas pero no desde cinismo. Desde curiosidad genuina sobre qué funciona y por qué.

Desapego: Puedes dejar ir herramientas que ya no son útiles sin sentir que estás traicionando algo.

Autonomía no es aislamiento

Es importante aclarar: autonomía no significa rechazar input de otros, evitar aprender de expertos, o pretender que puedes descubrir todo solo.

La autonomía es compatible con:

- Buscar mentoría y consejo
- Aprender de expertos
- Usar frameworks cuando son útiles
- Colaborar con otros que tienen perspectivas diferentes

Lo que cambia es tu relación con esos inputs. No los aceptas acríticamente como autoridad. Los evalúas, los integras con tu experiencia, y decides autónomamente qué hacer.

La paradoja de la maestría

Hay una paradoja interesante en el desarrollo de maestría:

Al principio, necesitas estructura. Los principiantes se benefician de frameworks claros, pasos específicos, reglas que seguir.

Con el desarrollo de competencia, la estructura se vuelve más internalizada. Puedes ejecutar las técnicas sin pensar conscientemente en cada paso.

Pero la verdadera maestría implica trascender la técnica. Los maestros pueden ignorar las reglas cuando el contexto lo requiere porque entienden los principios subyacentes tan profundamente que pueden improvisar efectivamente.

No es que hayan abandonado las herramientas. Es que las herramientas se han integrado tan completamente en su forma de operar que pueden usarlas implícitamente o ignorarlas explícitamente según el momento lo requiera.

La autonomía es esa capacidad de usar o no usar técnica según juicio contextual, no según adhesión a método.

LÍMITES Y RIESGOS (CUANDO LA AUTONOMÍA SE CONFUNDE CON RECHAZO)

Como con cualquier concepto, la autonomía puede malinterpretarse de maneras que son contraproducentes.

Riesgo 1: Confundir autonomía con arrogancia

"Yo no necesito métodos. Confío en mi instinto."

Esto no es autonomía. Es arrogancia que ignora que incluso profesionales experimentados tienen puntos ciegos, sesgos, y áreas donde podrían aprender.

La autonomía genuina incluye humildad: reconocer límites de tu conocimiento y experiencia, estar dispuesto a aprender de otros, y aceptar que a veces un método puede ofrecerte perspectiva útil que no tenías.

Distinción clave: Autonomía es elegir críticamente. Arrogancia es rechazar defensivamente.

Riesgo 2: Escepticismo que se vuelve cinismo

"Todos estos métodos son basura. No sirven para nada."

Esto es cinismo, no escepticismo informado. El cinismo rechaza antes de evaluar. El escepticismo evalúa críticamente y luego decide.

Algunos métodos y herramientas son genuinamente útiles en contextos apropiados. Rechazarlos todos por principio te limita innecesariamente.

Distinción clave: Escepticismo es evaluación crítica. Cinismo es rechazo defensivo.

Riesgo 3: Rigidez en nombre de libertad

"He decidido que mi enfoque es X y no voy a cambiar."

Esto es rigidez disfrazada de autonomía. La autonomía genuina incluye flexibilidad: disposición a cambiar tu enfoque cuando nueva información o experiencia sugiere que hay mejores alternativas.

Si tu "autonomía" se ha convertido en adhesión rígida a tu propio método personal, has simplemente reemplazado dependencia de métodos externos con dependencia de tu método interno.

Distinción clave: Autonomía es flexibilidad consciente. Rigidez es fijación, incluso si es a tus propias ideas.

Riesgo 4: Soledad innecesaria

"No necesito input de otros. Puedo resolverlo yo solo."

La autonomía no requiere aislamiento. Puedes ser autónomo y aún así buscar consejo, colaborar, y aprender de otros.

De hecho, la autonomía madura reconoce cuándo necesitas input externo porque tienes consciencia de tus límites.

Distinción clave: Autonomía es capacidad de decisión independiente. No requiere trabajo en aislamiento.

Riesgo 5: Rechazo de disciplina y práctica

"Las técnicas me limitan. Prefiero improvisar."

Esto confunde libertad con falta de preparación. La improvisación efectiva requiere competencia desarrollada mediante práctica disciplinada.

Los músicos de jazz que improvisan brillantemente lo hacen después de años de práctica técnica rigurosa. No es que rechacen técnica. Es que la han internalizado tan completamente que pueden trascenderla.

Distinción clave: Autonomía incluye dominio técnico que permite improvisación efectiva. No es excusa para evitar práctica.

El balance: Autonomía con apertura

La autonomía profesional madura balancea:

- Confianza en tu propio juicio CON humildad sobre tus límites
- Escepticismo crítico CON apertura a aprender
- Independencia de pensamiento CON disposición a colaborar
- Flexibilidad CON cierta consistencia en principios fundamentales
- Improvisación CON competencia técnica

No es balance perfecto. Es tensión dinámica que gestionas continuamente.

APLICACIÓN PRÁCTICA RESPONSABLE

Veamos cómo opera la autonomía profesional en contextos reales.

Aplicación 1: Decisión sobre uso de herramienta

Situación: Enfrentas una conversación difícil con un empleado sobre rendimiento. Conoces múltiples frameworks que podrían aplicarse.

Decisión autónoma:

No preguntas "¿qué framework debería usar?" Preguntas "¿qué necesita pasar en esta conversación?"

Necesita:

- Que el empleado entienda claramente el problema
- Que se sienta respetado, no atacado
- Que haya plan concreto de mejora
- Que yo mantenga presencia y calma

Con esa claridad, decides:

"Voy a usar algunas ideas del metamodelo para asegurar precisión en el problema. Voy a prestar atención a mi estado porque sé que tengo tendencia a ponerme incómodo en estas conversaciones. Pero no voy a seguir ningún guion específico. Voy a estar presente y responder a lo que surja."

Esto es autonomía: usas herramientas selectivamente para facilitar lo que necesita pasar, pero no estás ejecutando un método.

Aplicación 2: Adaptación creativa de técnica

Situación: Estás negociando y conoces técnicas específicas de negociación basadas en intereses, pero el contexto tiene elementos únicos que no encajan perfectamente en el framework.

Respuesta autónoma:

Tomas principios del framework (entender intereses subyacentes, separar personas de problemas, generar opciones antes de evaluar) pero los adaptas libremente al contexto específico.

No sigues los "pasos" como fueron enseñados. Usas los principios como guía pero improvisas la implementación según lo que el momento requiere.

Cuando algo del framework no encaja, lo ignoras sin ansiedad. Tu lealtad es al resultado, no al método.

Aplicación 3: Reconocimiento de límites y búsqueda de ayuda

Situación: Enfrentas un problema organizacional complejo que está fuera de tu experiencia directa.

Respuesta autónoma:

Reconoces que tu juicio tiene límites en este dominio. En lugar de fingir certeza o aplicar frameworks que conoces pero que no son específicos para este problema, buscas ayuda.

Consultas con expertos. Lees investigación relevante. Buscas casos similares.

Pero aún así, no externalizas completamente la decisión. Integras los inputs que recibes con tu conocimiento del contexto específico y tomas tu propia decisión informada.

Esto es autonomía con humildad: sabes cuándo necesitas ayuda y la buscas, pero mantienes responsabilidad de decisión final.

Aplicación 4: Operación sin técnica cuando es apropiado

Situación: Un colega está pasando por crisis personal y necesita hablar.

Respuesta autónoma:

No aplicas ninguna técnica específica. No estás "haciendo rapport" o "reencuadrando" o "gestionando estado."

Simplemente estás presente. Escuchas. Respondes genuinamente.

Tu competencia técnica está ahí como base —puedes notar cosas que notarías por tu entrenamiento— pero no estás ejecutando técnicas. Estás siendo humano con otro humano.

Esta capacidad de dejar ir técnica completamente cuando el momento requiere solo presencia humana es autonomía madura.

Aplicación 5: Evolución continua de tu enfoque

Situación: Después de años usando cierto conjunto de herramientas, notas que tu contexto profesional ha cambiado. Lo que funcionaba antes ya no es óptimo.

Respuesta autónoma:

No te aferras a tus herramientas preferidas por lealtad o identidad. Evalúas honestamente qué sigue siendo útil y qué necesita evolucionar.

Aprendes nuevas herramientas si son apropiadas. Abandonas viejas herramientas si ya no sirven. Adaptas tu enfoque continuamente.

Tu identidad no está en "ser practicante de X." Está en "ser alguien que usa juicio sólido y se adapta según contexto."

Elementos comunes en autonomía aplicada

Nota que en todos los casos:

1. **La decisión viene de evaluación contextual**, no de adhesión a método
2. **Hay flexibilidad** para usar, adaptar, o ignorar herramientas según necesidad
3. **No hay ansiedad** por no seguir un framework específico
4. **Hay reconocimiento de límites** y disposición a buscar ayuda cuando es apropiado
5. **La presencia humana genuina** se valora más que la ejecución técnica perfecta

PRÁCTICA DE LA HABILIDAD (GIMNASIO DE CRITERIO)

Estos ejercicios fortalecen tu capacidad de juicio autónomo.

Ejercicio 1: Revisión de decisiones sin consultar métodos

Durante dos semanas, cuando enfrentes decisiones profesionales (cómo manejar una conversación, cómo estructurar una presentación, cómo abordar un conflicto):

Primero, decide desde tu propio juicio sin consultar ningún framework o método. Pregúntate simplemente: "¿Qué pienso que debería pasar aquí? ¿Qué me dice mi experiencia?"

Toma la decisión y actúa.

Después, reflexiona: ¿Cómo fue? ¿Tu juicio directo fue apropiado? ¿Qué ajustarías si pudieras repetirlo?

Luego, si quieres, considera qué diría un método específico y compara con lo que hiciste.

Propósito: Fortalecer tu confianza en tu propio juicio actuando desde él primero, antes de consultarlo contra frameworks.

Qué estás entrenando: Confianza calibrada en tu propia capacidad de pensar.

Ejercicio 2: Evaluación crítica de una herramienta que usas

Elige una herramienta o técnica que uses regularmente. Examínala críticamente:

¿En qué contextos funciona bien para ti?

¿En qué contextos no funciona o es menos útil?

¿Qué suposiciones implícitas tiene la técnica que podrían no ser siempre válidas?

¿Qué alternativas existen?

¿Estás usando esta herramienta porque genuinamente es óptima, o por hábito o identidad?

Si abandonaras esta herramienta completamente, ¿qué perderías y qué ganarías?

No necesitas abandonar la herramienta. El ejercicio es desarrollar relación crítica con ella en lugar de adhesión ciega.

Propósito: Desarrollar capacidad de evaluar críticamente incluso herramientas que encuentras útiles.

Qué estás entrenando: Pensamiento crítico aplicado a tu propia práctica.

Ejercicio 3: Operación deliberada sin herramientas

Elige una semana donde, deliberadamente, no uses ninguna técnica específica conscientemente en tus interacciones profesionales.

No significa que ignores lo que has aprendido. Significa que no ejecutas técnicas conscientemente. Simplemente estás presente y respondes desde tu juicio directo.

Observa:

¿Qué pasa?

¿Eres menos efectivo o sorprendentemente igual de efectivo?

¿Qué se siente diferente?

¿Qué descubres sobre cuánto realmente necesitas técnicas conscientes versus cuánto ya está integrado?

Propósito: Descubrir cuánta competencia ya está internalizada y cuánta presencia genuina tienes sin ejecutar técnicas.

Qué estás entrenando: Confianza en tu capacidad sin muletas metodológicas.

CONCLUSIÓN PROFESIONAL DEL CAPÍTULO

La autonomía profesional es la capacidad de pensar independientemente, evaluar críticamente herramientas y métodos, y confiar en tu juicio contextual sin necesitar validación externa constante.

No es rechazo de herramientas. Es relación madura con ellas: las usas selectivamente cuando son útiles, las adaptas libremente cuando el contexto lo requiere, y las ignoras completamente cuando no son apropiadas.

Los componentes de autonomía incluyen evaluación crítica, tolerancia a ambigüedad, confianza calibrada, integración selectiva, flexibilidad metodológica, y pensamiento desde primeros principios.

Los riesgos de autonomía mal entendida incluyen arrogancia, cinismo, rigidez disfrazada de libertad, aislamiento innecesario, y rechazo de disciplina. La autonomía genuina balancea independencia con humildad, escepticismo con apertura, y flexibilidad con ciertos principios fundamentales.

En contextos profesionales reales, la autonomía se manifiesta como capacidad de decidir qué herramienta usar (si alguna) basándote en evaluación contextual, adaptar técnicas creativamente, reconocer tus límites y buscar ayuda apropiadamente, operar sin técnica cuando es apropiado, y evolucionar tu enfoque continuamente.

Esta autonomía no se desarrolla leyendo sobre ella. Se desarrolla mediante práctica deliberada de actuar desde tu propio juicio, reflexionar honestamente sobre resultados, y ajustar continuamente.

El objetivo final de cualquier aprendizaje genuino no es acumular más conocimiento o técnicas. Es desarrollar mayor capacidad de pensar independientemente y decidir sabiamente.

Si este libro ha sido útil, su utilidad no está en las técnicas específicas que enseña sino en tu capacidad desarrollada de evaluar esas técnicas críticamente, integrarlas selectivamente, y usarlas autónomamente.

No necesitas PNL. No necesitas este libro. No necesitas ningún método específico como fuente permanente de autoridad.

Lo que necesitas es tu propio juicio, continuamente refinado mediante experiencia, reflexión honesta, apertura a aprender, y disposición a ajustar.

Las herramientas que has encontrado en este libro son opciones. Úsalas cuando faciliten lo que intentas lograr. Ignóralas cuando obstaculicen. Adáptalas cuando el contexto lo requiera.

Tu lealtad no es a ningún método. Es a operar con integridad, efectividad y humanidad en tu contexto profesional específico.

La competencia técnica es útil. Pero la autonomía profesional —la capacidad de pensar por ti mismo, confiar en tu juicio calibrado, y tomar decisiones conscientes sin necesitar muletas metodológicas— es el verdadero marcador de maestría.

Esa autonomía es lo que hace que sigas siendo efectivo cuando los métodos cambian, cuando enfrentas contextos nuevos donde tus herramientas habituales no aplican, y cuando necesitas innovar en lugar de simplemente ejecutar.

Es lo que te permite ser consistentemente excelente no porque sigas un sistema sino porque tienes capacidad de pensar claramente, evaluar honestamente, y actuar responsablemente.

Y es exactamente lo que necesitas para cerrar este libro y seguir adelante sin él.

Ya no necesitas más herramientas. Ya no necesitas más técnicas. Ya no necesitas más frameworks.

Lo que necesitas ahora es usar tu propio juicio para decidir qué de todo esto es útil para ti, en tu contexto, con tus objetivos, según tus valores.

Esa decisión es completamente tuya. Y esa es precisamente la autonomía que este libro pretendía facilitar.

CONCLUSIÓN

Si llegaste a este libro con escepticismo sobre la PNL, probablemente sigues siendo escéptico. Eso no solo es aceptable, es apropiado. El escepticismo no es obstáculo para aprender. Es señal de pensamiento crítico funcionando correctamente.

Pero tu escepticismo probablemente sea diferente ahora. No es el rechazo categórico de quien no ha examinado algo con cuidado. Es la evaluación matizada de quien ha mirado con suficiente rigor para distinguir qué tiene sustancia de qué es ruido, qué es útil de qué es marketing, qué merece atención de qué puede ignorarse.

Este libro no pretendió convencerte de que la PNL es ciencia. No lo es. No pretendió que adoptes la PNL como sistema completo. No necesitas hacerlo. No prometió que dominar estas técnicas transformará tu vida profesional. Las técnicas, por sí solas, no transforman nada.

Lo que este libro intentó fue más modesto pero más útil: ayudarte a desarrollar discernimiento sobre cuándo ciertos modelos y prácticas asociadas con la PNL pueden facilitar comunicación más efectiva, autorregulación más consciente, y decisiones más informadas. Y, igualmente importante, ayudarte a reconocer cuándo no pueden, cuándo no deben, y cuándo otras herramientas o simplemente tu juicio directo son más apropiados.

No te di respuestas. Te di marcos para pensar con mayor claridad sobre comunicación, influencia, y autorregulación. Esos marcos son mapas, no territorios. Son útiles cuando te ayudan a navegar situaciones reales. Pueden ignorarse cuando no lo hacen.

La relación que ahora tienes con estas herramientas es, idealmente, más adulta que cuando comenzaste. No las ves como magia ni como fraude completo. Las ves como lo que son: modelos pragmáticos con contextos de aplicabilidad limitados pero reales, que requieren juicio para usarse bien y ética para usarse responsablemente.

Esa relación madura con herramientas —caracterizada por apreciación sin adhesión, uso selectivo sin dependencia, y capacidad de dejar ir sin ansiedad— es transferible más allá de la PNL. Es la relación que profesionales competentes tienen con cualquier metodología, framework o conjunto de técnicas. La competencia no está en dominar las técnicas. Está en saber cuándo aplicarlas, cuándo adaptarlas, y cuándo ignorarlas completamente.

A lo largo de estos capítulos, has encontrado conceptos que pueden ser útiles: escucha estructurada que va más allá de cortesía superficial, calibración que permite ajuste responsivo en tiempo real, reencuadre que expande opciones sin invalidar experiencia, gestión de estado que facilita acceso a tu competencia bajo presión, modelado que acelera aprendizaje sin copiar superficialidades, y lenguaje de influencia que respeta autonomía mientras clarifica opciones.

Ninguno de estos es revolucionario. Ninguno es exclusivo de la PNL. Todos tienen paralelos en otras disciplinas de comunicación, psicología y desarrollo profesional. Lo que la PNL ofrece es una sistematización particular de estos conceptos que algunas personas encuentran práctica y accesible.

Si encontraste esa sistematización útil, úsala. Si prefieres otras formas de pensar sobre los mismos fenómenos, úsalas. Tu lealtad no debe ser a ningún método sino a lo que funciona en tu contexto profesional específico.

Lo que importa no es qué framework usas sino que desarrolles capacidad de observar con precisión, pensar con claridad, comunicar con efectividad, y actuar con integridad. Las herramientas son medios hacia esas capacidades, no fines en sí mismas.

Este libro también intentó algo más difícil: mantener consciencia ética continua sobre el uso de habilidades de influencia. Cada capítulo que tocó comunicación o persuasión incluyó consideraciones éticas no como adorno moral sino como componente funcional de efectividad a largo plazo.

La capacidad de influir en otros mediante comunicación hábil viene con responsabilidad. No puedes tener la habilidad sin la responsabilidad que la acompaña. No puedes ser efectivo manipulando y esperar construir credibilidad sostenible. No puedes violar autonomía sistemáticamente y mantener relaciones profesionales saludables.

La ética no es restricción externa impuesta por consideraciones morales abstractas. Es reconocimiento pragmático de que tu efectividad profesional depende de confianza, que la confianza depende de integridad demostrada, y que la integridad requiere que tus habilidades se ejerzan con respeto por las personas con quienes interactúas.

Si este libro fortaleció tu sensibilidad ética sobre cómo usas lenguaje, cómo influyes, y cuándo te abstienes de influir, eso puede ser más valioso que cualquier técnica específica. Porque las técnicas cambian, los contextos evolucionan, pero la capacidad de operar con integridad es transferible a cualquier situación profesional.

La autonomía que este último capítulo enfatizó no es solo autonomía respecto a la PNL. Es autonomía profesional general: la capacidad de pensar independientemente, confiar en tu juicio calibrado, y tomar decisiones sin necesitar validación constante de métodos externos.

Esa autonomía no se logra rechazando todas las herramientas. Se logra desarrollando relación madura con ellas: las usas cuando facilitan lo que intentas lograr, las adaptas cuando el contexto lo requiere, y las ignoras cuando no son apropiadas. Tu identidad no está en ser practicante de ningún método particular. Está en ser alguien con juicio sólido que usa herramientas selectivamente.

Si terminas este libro con mayor capacidad de evaluar críticamente cualquier framework o metodología —no solo la PNL— entonces ha cumplido su propósito más fundamental. Porque el mundo profesional seguirá produciendo nuevos métodos, nuevas técnicas, nuevas modas. Tu capacidad de evaluarlas con rigor, extraer lo útil, e ignorar lo superfluo sin ansiedad es más valiosa que dominio de cualquier sistema específico.

La PNL, como cualquier conjunto de herramientas, tiene un lugar. Ese lugar es limitado, contextual, y opcional. No necesitas la PNL para ser comunicador efectivo. No necesitas la PNL para ser líder competente. No necesitas la PNL para tomar buenas decisiones bajo presión.

Lo que necesitas es capacidad de observar con atención, pensar con claridad, actuar con integridad, y aprender continuamente de tu experiencia. Si algunas ideas de la PNL facilitan esas capacidades en tu contexto específico, úsalas. Si no, ignóralas sin culpa.

Tu efectividad profesional no depende de qué herramientas conoces sino de qué tan bien entiendes los problemas que enfrentas, qué tan claramente puedes pensar sobre ellos, y qué tan responsablemente puedes actuar respecto a ellos. Las herramientas pueden facilitar esos procesos. No los sustituyen.

Este libro termina aquí, pero tu desarrollo profesional continúa. Seguirás enfrentando conversaciones difíciles, decisiones bajo incertidumbre, situaciones donde necesitas influir éticamente, y momentos donde tu estado interno afecta tu capacidad de acceder a tu competencia.

Las herramientas que encontraste aquí pueden ser útiles en algunos de esos momentos. En otros, herramientas diferentes serán más apropiadas. En otros más, simplemente tu presencia genuina y tu juicio directo serán suficientes.

Tu trabajo no es aplicar técnicas. Es pensar claramente sobre qué cada situación requiere y responder con la mejor combinación de competencia, juicio, y humanidad que puedas reunir en ese momento.

No hay perfección en esto. Hay práctica continua, reflexión honesta, ajuste incremental, y ocasionalmente errores de los cuales aprendes. Eso es desarrollo profesional real, despojado de promesas grandiosas y expectativas irreales.

Lo que este libro pudo ofrecerte es limitado pero real: algunos modelos útiles, consciencia ética fortalecida, capacidad de discernimiento aumentada, y confirmación de que tu escepticismo inteligente es activo profesional, no defecto a corregir.

Lo que no pudo ofrecerte es igualmente claro: certeza sobre qué funcionará en tu contexto específico, garantías de resultados, o eliminación de la necesidad de pensar cuidadosamente sobre cada situación que enfrentas.

La ambigüedad permanece. La incertidumbre continúa. La responsabilidad de decidir bien sigue siendo tuya.

Pero ahora, tal vez, tienes algunas herramientas adicionales para pensar sobre esas decisiones, mayor consciencia de consideraciones éticas que las rodean, y confianza más calibrada en tu capacidad de navegar complejidad profesional sin necesitar método externo que te diga qué hacer.

Eso es suficiente. No necesitas más que eso.

Cierras este libro no con una lista de pasos a seguir, no con un sistema a implementar, no con promesas sobre tu futuro profesional. Lo cierras simplemente con mayor claridad sobre qué es útil, qué no lo es, y cómo pensar sobre esa distinción.

El resto depende de ti. Como siempre dependió.

www.ingramcontent.com/pod-product-compliance
Lightning Source LLC
Chambersburg PA
CBHW020247010526
44107CB00002B/139